科技助力下的网球教学与训练研究

张丹 著

中山大学出版社
SUN YAT-SEN UNIVERSITY PRESS

·广州·

版权所有　翻印必究

图书在版编目（CIP）数据

科技助力下的网球教学与训练研究/张丹著. —广州：中山大学出版社，2022.11

ISBN 978-7-306-07648-9

Ⅰ. ①科… Ⅱ. ①张… Ⅲ. ①网球运动—体育教学 ②网球运动—运动训练 Ⅳ. ①G845.2

中国版本图书馆 CIP 数据核字（2022）第 222065 号

KEJI ZHULI XIA DE WANGQIU JIAOXUE YU XUNLIAN YANJIU

出 版 人：王天琪
策划编辑：王旭红
责任编辑：王旭红
封面设计：曾　婷
责任校对：陈　莹
责任技编：靳晓虹
出版发行：中山大学出版社
电　　话：编辑部 020-84110283，84113349，84111997，84110779，84110776
　　　　　发行部 020-84111998，84111981，84111160
地　　址：广州市新港西路 135 号
邮　　编：510275　　　传　真：020-84036565
网　　址：http://www.zsup.com.cn　　E-mail：zdcbs@mail.sysu.edu.cn
印 刷 者：广东虎彩云印刷有限公司
规　　格：787mm×1092mm　1/16　12.5 印张　198 千字
版次印次：2022 年 11 月第 1 版　2022 年 11 月第 1 次印刷
定　　价：56.00 元

如发现本书因印装质量影响阅读，请与出版社发行部联系调换

目 录

第一章 网球运动的发展与科技的运用 1

第一节 网球运动的起源与发展 1
一、网球运动的起源 1
二、网球运动的发展 3

第二节 中国网球运动的发展 6
一、中国网球运动早期发展概况 6
二、新中国网球运动发展历程 7
三、中国网球运动的现状 13

第三节 网球运动的特点与价值 15
一、网球运动的特点 15
二、网球运动的价值 17

第四节 科技在网球运动中的应用 20
一、科技对网球运动器材的影响 20
二、科技对网球教学训练与比赛的作用 23

第二章 科技助力下的网球教学 25

第一节 传统网球教学模式 25
一、传统教学方法基本内容 25
二、网球教学原则 27
三、我国网球教学现状 28
四、网球教学的有效方法 29
五、网球教学的内涵 30

第二节 科技手段在网球教学中的应用 32
一、体育科技的应用领域 32
二、现代科技在网球项目中的运用 33

第三节 科技在网球教学中的作用 …………………………… 34
　一、智能穿戴设备的功能 ………………………………… 35
　二、智能穿戴设备的辅助教学 …………………………… 36
　三、高清摄像技术"鹰眼"的基本介绍 ………………… 37
　四、科技对网球文化的传播作用 ………………………… 38

第三章 科技助力下的网球训练分析 …………………………… 39
　第一节 网球训练的基本理论 …………………………… 39
　　一、网球运动的生物学原理 …………………………… 39
　　二、网球运动肌肉工作原理 …………………………… 41
　　三、网球运动科学化训练理论 ………………………… 45
　第二节 网球训练基本技战术 …………………………… 49
　　一、网球技术的概念与特征 …………………………… 49
　　二、网球击球的基本原理 ……………………………… 50
　　三、网球运动的基本技术与训练 ……………………… 61
　　四、网球运动的基本战术原理 ………………………… 84
　　五、场上战术的制定 …………………………………… 86
　第三节 科技辅助下的网球训练 ………………………… 89
　　一、网球智能化训练 …………………………………… 89
　　二、数字化手段获取比赛信息 ………………………… 91
　　三、无人机助力网球训练 ……………………………… 91

第四章 科技助力下的网球竞赛 ………………………………… 93
　第一节 网球竞赛的规则及礼仪常识 …………………… 93
　　一、网球比赛场地与器材 ……………………………… 93
　　二、网球服饰与礼仪 …………………………………… 104
　　三、网球运动常用术语 ………………………………… 106
　　四、其他形式的网球运动 ……………………………… 108
　第二节 网球运动的裁判方法解析 ……………………… 113
　　一、比赛规则 …………………………………………… 113
　　二、竞赛方法 …………………………………………… 116
　　三、裁判方法 …………………………………………… 119

第三节　网球竞赛的科技手段运用……………………………………121
一、即时回放系统——"鹰眼"……………………………………121
二、鹰眼系统的诞生和应用历史……………………………………122
三、鹰眼技术的规则……………………………………………………122
四、视频分析与互联网技术…………………………………………123

第四节　智能网球场地与竞赛……………………………………………125
一、网球竞赛场地规格………………………………………………125
二、硬地网球场地面的主要材料……………………………………126
三、智能网球场……………………………………………………126

第五章　网球运动体能的科学分析……………………………………129

第一节　网球运动力量素质研究……………………………………129
一、力量素质概述……………………………………………………129
二、培养力量素质的意义……………………………………………129
三、力量素质训练的方法……………………………………………130

第二节　网球运动速度素质研究……………………………………146
一、速度素质概述……………………………………………………146
二、培养速度素质的意义……………………………………………146
三、速度素质训练的方法……………………………………………147

第三节　网球运动柔韧性素质研究…………………………………152
一、柔韧性素质概述…………………………………………………152
二、培养柔韧性素质的意义…………………………………………152
三、柔韧性素质训练的方法…………………………………………153

第四节　网球运动灵敏度素质研究…………………………………154
一、灵敏度素质概述…………………………………………………154
二、培养灵敏度素质的意义…………………………………………155
三、灵敏度素质训练的方法…………………………………………155

第五节　网球运动耐力素质研究……………………………………157
一、耐力素质概述……………………………………………………157
二、培养耐力素质的意义……………………………………………157
三、耐力素质训练的方法……………………………………………158

第六章 科技对网球运动员心理素质影响…………………………160

第一节 网球运动员心理素质的训练原则……………………160
一、网球运动心理素质特征……………………………………160
二、网球运动心理素质训练的原则和要求……………………161

第二节 科技手段在网球运动员心理素质训练中的应用……163
一、生物反馈训练………………………………………………163
二、模拟训练……………………………………………………164
三、表象训练……………………………………………………165
四、合理情绪训练………………………………………………167
五、比赛周期心理训练…………………………………………168
六、其他训练方法………………………………………………171

第七章 科技助力下的现代网球运动发展展望…………………173

第一节 科技赋能网球运动的发展趋势………………………173
一、现代网球运动的国际化发展趋势…………………………173
二、现代网球运动的市场化发展趋势…………………………175
三、现代网球运动的科技化发展趋势…………………………177
四、现代网球运动的其他发展趋向……………………………179

第二节 大数据助力解读网球运动……………………………183
一、数字大满贯…………………………………………………183
二、职业球员的击球速度………………………………………185
三、击球旋转最强烈的顶尖职业球员…………………………186
四、ACE 球和发球双误…………………………………………187
五、科技改变网球未来…………………………………………188

参考文献………………………………………………………………189

第一章　网球运动的发展与科技的运用

第一节　网球运动的起源与发展

在当今世界体坛上，网球运动是具有较大影响力且受到很多人喜爱的体育项目。网球运动孕育于法国，诞生于英国，被称为"世界第二大球类运动"。

一、网球运动的起源

网球起源于12—13世纪的法国。当时法国的传教士经常在教堂的回廊里用手掌击打类似小球的物体，用来调节刻板的生活。人们把这种游戏叫作"掌击球游戏"。后来，这种游戏逐渐传入了法国宫廷，并很快成为王室贵族喜爱的娱乐活动。之后，人们又将其由室内移向室外，在一块开阔的空地上，将一条绳子架在中间，两边各站一人，双方用手来回击打一种裹着头发的布球。14世纪中叶，法国王储将这种游戏使用的球赠给英格兰国王亨利五世，于是这种游戏便传入英国。

关于网球名称"tennis"的由来有两种说法：一是从法语（球员发球时提醒对方注意的感叹词）演变而来的；二是裹球的布使用了埃及坦尼斯镇所产的著名绒布——斜纹兰绒布，故而英国人将这种球称为"tennis"。

也有人认为，网球运动的起源应追溯到"百年战争"（1337—1453年的英、法两国战争）时期在法国民间流传的一种名叫海欧·德·巴乌麦的球类游戏。该游戏由两个人各执一支球拍，在周围筑有围墙的场地进行。当球撞到球拍便反弹回去而过网。无论是场地、球具，还是游戏方法，这种游戏都与现代网球运动极其相似，因此，就有把这种游戏看作原始网球运动的说法。

到了 14 世纪中叶，法国的一位诗人把这种球类游戏介绍到法国宫廷中，成为法国皇室贵族的消遣游戏。当时，游戏场地是宫廷内的大厅，场地里没有网，参与者也没有球拍，而球是用布卷成圆形后用绳子绑成的。场地中间以架起的一条绳子为界，参与者用两手作球拍，把球从绳上丢来丢去，法语称之为"tennez"，英语叫作"Take it play."（中文意为"抓住！丢过去"）。"tennis"（网球）一词即来源于此。之后不久，木板制成的球拍替代了双手，用于击球。

15 世纪，这种游戏由用手掌击球改用木板拍打球。经过一段时间后，又很快出现了一种椭圆形球拍，其用羊皮纸做成拍面以增加弹性，而场地中央的绳子也改成了网子。这种运动只是在法国和英国的宫廷中流行，平民是无法接触到的，所以网球运动被冠以"宫廷运动""皇家网球"和"贵族运动"等称号。随后，网球运动传播到了欧洲其他国家，瑞典国王戈斯塔夫五世、俄罗斯皇室及欧洲的贵族也都热衷于这项运动。1873 年，英国沃尔特·克洛普顿·温菲尔德（Walter Clopton Wingfield）少校将场地转移到了草坪，并于同年出版了《草地网球》一书，改进了早期网球的打法，提出了一套接近于现代网球的打法。1874 年开始，英国创办了早期简单的草地网球比赛，并规定了球网的尺寸。

16 世纪初，这项球类游戏流传到了法国民间，人们出于好奇心开始仿效，此游戏很快便传播到各大城市，同时其用具也得到了改良。例如，球改用比较耐用的材料制作，拍子由木板改为羊皮纸板，拍面面积放大，握把的柄加长。场地中间的绳子，增加无数短绳子向地面垂下，像帘子一样，使得球即使从绳子下面经过，也可以明显地被发觉。

到了 17 世纪，场地中间不再用绳帘，而改用小方格网子；拍子改用穿线的网拍，富有弹性而且轻巧方便。后来，贵族在法国宫廷中玩这种游戏时，球场旁边常放置一只金色容器，每次比赛完毕后，观众将金钱投入盘中，作为给胜利者的奖品。这种奖励方法起初的激励作用很大，但逐渐变成一种赌博，而且数额越来越大，有人因此倾家荡产。于是法国国王路易下令禁止此种游戏，这也是 18 世纪初期网球运动受到抑制的主要原因。①

二、网球运动的发展

1875年，全英草地网球运动俱乐部成立，建造了世界上第一块草地网球场。随着网球运动的广泛开展和比赛活动的日益频繁，对其规则的统一也势在必行。1876年，由一些地方的著名网球运动俱乐部派出代表，研究讨论并且制定了一套全英统一的网球比赛规则。经过多次协商，各方代表终于对网球运动的场地、配套设施、比赛打法等达成了一致的意见。网球场地为长23.77米、宽8.23米的长方形，发球线距离球网为7.92米，球网中央的高度为99厘米（在这之前，球网中央的高度是1.42米），每局采用15、30、40（平分）的计分方法。1877年，全英草地网球俱乐部举办了全英草地网球男子单打锦标赛，这项赛事后来发展为闻名于世的温布尔登网球公开赛。1878年后，英国大多数网球俱乐部都逐渐按照新的网球规则进行训练和比赛活动。1884年，英国伦敦的网球俱乐部又把场地球网中央的高度确定为91.4厘米。至此，统一的现代网球规则正式建立。

1874年，在百慕大度假的美国女士玛丽·奥特布里奇在观看了英国军官的网球比赛后，对这项体育活动颇感兴趣，于是将网球规则、球拍和用球带到纽约。在美国，网球运动最初是在东部各学校中开展的，随后很快传播到中部和西部地区，从而在全美广泛开展。由于草地场地维护和保养成本太高，而且受季节限制，网球运动逐步改良为可以在水泥地面、沥青地面和沙土地面上进行。于是，"网球"（tennis）的名称就替代了"草地网球"（lawn-tennis）。②

现代网球运动开展的初期，比赛只设有男子单打和双打两项，不设女子网球项目。但是，一些女选手不仅敢于冲破社会舆论和家庭的阻挠，甚至在技术水平上超过了男选手。因此，在一些非正规的单打比赛中，有时会出现一边是男选手、另一边是女选手的情况。女子参加网球

---

① 郭开强、蒲娟、张小娥：《网球教学》，科学出版社2018年版，第4—8页。
② 参见宇文《网球——传承文明的优雅运动》，载《文体用品与科技》2011年第1期。

运动逐渐被人们接受，并于1879年开始设立了男女混合双打比赛。

1878年，第一次男子双打锦标赛在英格兰举行。1879年，第一次女子单打和混合双打比赛在爱尔兰举行。温布尔登锦标赛于1884年增加了女子单打和男子双打比赛，于1913年又增加了女子双打和混合双打比赛。

1881年，世界上首次出现全国性的网球协会——美国全国草地网球协会（"全国"二字于1920年取消）。当年8月31日至9月3日，该协会在罗得岛州纽波特举行了第一届美国草地网球男子单打和男子双打锦标赛，采用了温布尔登锦标赛的比赛规则，有26人参加了比赛。美国草地网球协会主席德怀特（Dwight）和美国男单冠军西尔斯（Shiels），是最早参加温布尔登锦标赛的海外运动员。该协会于1887年开始举办美国草地网球女子单打锦标赛，于1890年举办了美国草地网球女子双打锦标赛，于1892年举办了美国草地网球混合双打锦标赛。①

1891年，法国网球锦标赛首次举行男子单打和男子双打比赛。法国网球锦标赛女子单打比赛则始于1897年。

1900年，21岁的美国网球运动员戴维斯（Davis）为了推动现代网球运动的发展，捐赠了一只黄金衬里的纯银大钵，将之命名为"戴维斯杯"（Davis Cup）。它后来成为国际网坛级别最高的男子团体锦标赛的永久性流动奖杯。这项赛事每年的冠军队和队员的名字都被刻在大钵上。当1920年大钵被刻满名字后，戴维斯又捐赠了一只垫盒，之后又增添了两只托盘。

1904年，澳大利亚草地网球协会成立，并于1905年开始举办澳大利亚网球锦标赛，设男子单打、男子双打两个项目；1922年，该锦标赛又增加了女子单打、女子双打和混合双打三个项目。

法国网球锦标赛、英国温布尔登网球锦标赛、美国网球锦标赛和澳大利亚网球锦标赛四项赛事是世界上最具影响力的"大满贯"网球锦标赛（后来改名为"公开赛"）。任何一名单打选手或一组双打选手能在同一赛季中获得这四大锦标赛（公开赛）的冠军，便享有"大满贯"优胜者的荣誉。

---

① 参见尹长春《浅谈网球运动的发展、特点及身体训练》，载《当代体育科技》2012年第6期。

网球运动的发展与科技的运用

现代网球运动经过一百多年的岁月，由欧洲到美洲，从皇室贵族到平民百姓，之后在世界各地普及开来。在美国人杜安尼·威廉姆斯（Duane Williams）、瑞典人查尔斯·巴德（Charles Barde）和法国人亨利·沃利特（Henry Wallet）的积极倡议以及多次在非官方会议上的努力下，经过两年的筹备，国际网球联合会（International Tennis Federation，ITF，简称"国际网联"）于1913年3月1日在法国巴黎成立，总部设在英国伦敦。当时的国际网联的创始成员国有澳大拉西亚（代表澳大利亚和新西兰）、奥地利、比利时、丹麦、法国、德国、英国、荷兰、南非、俄国、瑞典和瑞士，主要负责统筹策划国际网球活动，安排全年比赛日程表，修订网球规则并监督比赛运行。国际网联的成立，标志着网球运动由游戏、娱乐阶段过渡到竞技、职业网球阶段。1980年，中国网球协会成为国际网联的正式会员。

1945—1960年，网球开始趋向职业化。世界最高级别的女子网球团体锦标赛——联合会杯（Fed Cup，后改名为"比利·简·金杯"）比赛于1963年开始举办。1968年，温布尔登锦标赛首先实行不区分业余选手和职业选手的参赛制度，世界网球由此进入公开赛时代。1972年，60名男子职业网球运动员成立了世界男子职业网球协会（Association of Tennis Professionals，ATP）。该协会的主旨是维护男子职业网球运动员的利益，负责ATP设立的赛事运营。名列世界前200名的男子网球运动员可以加入ATP。1973年，国际女子职业网球协会（Women's Tennis Association，WTA）宣布成立，其宗旨是为女子职业网球运动员提供比赛条件和奖金，负责WTA设立的赛事运营。

奥林匹克运动会中，网球项目占有重要的地位。在1896年雅典举行的第一届现代奥运会上，网球男子单打与男子双打即被列为正式比赛项目。后来，由于国际奥林匹克委员会和国际网联在定义"业余选手"问题上有分歧，已连续七届作为奥运会正式项目的网球项目自1928年离开了奥运大家庭，仅仅在1968年墨西哥城奥运会和1984年洛杉矶奥运会上被列为表演项目。直到1988年汉城（今首尔）奥运会，网球才重新被列为正式比赛项目，一直到今天。

纵观现代体育运动的发展历史，许多现代体育运动的产生都与网球有着紧密的联系。例如，乒乓球（table tennis）运动就是把网球搬进室内并发展而来的，欧洲人称之为"桌上网球"；三大球类运动之一的排球运动是美国的威廉·G.摩根（William G. Morgan）受到网球运动的启发，将网球运动与篮球运动结合起来而形成的体育项目，其最初的名称为"小网子"。

网球运动在世界各地得到了广泛的发展，但整体网球运动水平较高的国家多在欧洲和美洲。如美国有3000万以上的人口参加网球运动，是参加网球运动人数最多的国家；瑞典全国共有800多万人口，其中就有100多万人参加网球运动，是世界上网球运动人口占全国总人口比例最高的国家。可以说，网球是仅次于足球的世界第二大球类运动项目。每年现场观看网球公开赛，即法国网球公开赛（简称"法网"）、美国网球公开赛（简称"美网"）、澳大利亚网球公开赛（简称"澳网"）、温布尔登网球公开赛（简称"温网"）等比赛的观众有近百万人，电视观众人数高达数亿。

第二节　中国网球运动的发展

一、中国网球运动早期发展概况

网球运动是在19世纪后期由英、美、法等国的传教士和商人等作为娱乐活动传入中国的，最早在广州、上海、北京等大城市中出现，后来在沿海地区的教会学校中陆续开展起来。[①]

1910年，在南京举行的第一届"全国运动会"就设立了网球项目，当时只设男子比赛。随后的历届"全国运动会"网球均为正式比赛项目。1924年，第三届"全国运动会"增加了女子网球比赛，但无人报名。直至第四届"全国运动会"，女子选手才首次登上这一网球赛场。首届远东运动会开始于1913年，网球也被列为比赛项目。自1915年第二届远东运动会起，中国派队参加网球比赛，至1934年共参加了九届。1915年至1934年，中国男子网球选手参加了第二届至第十届远东运动

---

① 参见王忠勇、王金范《体适能与网球运动》，载《体育科技文献通报》2011年第5期。

会，女子网球选手则参加了相应的网球表演赛。中国最早的网球理论专著，是1917年2月中国图书公司出版的由孙揆编写的《网球术》。① 该书包括网球沿革、球场、用具、比赛方法、各种击球法等内容，这部专著的问世促进了早期中国网球运动的开展。

当时，中国网球运动的开展只局限在少数上流社会的人群中，参与者水平也不高，连续六届远东运动会的成绩均居日本、菲律宾之后。1924年，邱飞海参加了第四十四届温布尔登网球锦标赛，并进入了第二轮。这是中国人首次参加温布尔登网球锦标赛。1927年第八届远东运动会上，以邱飞海、林宝华为主力队员的中国队首次战胜日本队和菲律宾队，夺得冠军，从而结束了中国参加国际网球比赛无冠军的历史。1938年，许承基作为8号种子选手参加第五十八届温布尔登网球锦标赛，在男子单打项目中进入第四轮，这是中国男子选手参加温布尔登网球赛事取得的最好成绩。另外，他还蝉联了1938年和1939年英国硬地网球锦标赛两届单打冠军。1949年以前，中国曾6次派队参加戴维斯杯网球赛，均未获得出色的成绩。

二、新中国网球运动发展历程

（一）起步阶段（1949—1965年）

新中国成立后，党和政府非常重视网球运动，在贺龙、陈毅、万里、吕正操等老一辈国家领导人的大力支持和带动下，网球运动得以大力推广。网球运动首先在比较发达的地区与城市逐步恢复，其中以上海最为活跃；之后在一些群众基础较好的地域迅速兴起，如内蒙古自治区成为我国开展网球运动较早的少数民族地区之一。产业系统中网球活动开展得最早、最好的是"火车头体育协会"。

网球比赛成为推广和普及网球运动的重要手段之一。随着中国网球运动的发展，中国网球运动员的竞技水平也在不断提高。网球运动从较早的区域性比赛发展到举办全国性的比赛，且日趋活跃的各种形式的网球比赛也逐年增加。1953年，中国网球协会（Chinese Tennis Association，CTA）成立。1954年，上海网球队组建，这是新中国第一支网球

---

① 朱永和主编：《世界体育大事典》，中国致公出版社1993年版，第376页。

队。1955年初，临时国家网球队在北京成立。

20世纪50年代的国家网球队运动员都有着扎实的技术功底，他们中的一部分是新中国成立前在各个网球俱乐部打球的球星，一部分则来自网球世家。新中国成立后，中国网球与国际的交往日趋频繁。1956年印度尼西亚网球队首次访问中国。同年，网球被列为每年一度的全国比赛项目，而上海队在第一届全国网球比赛中包揽了全部冠军。两年后，全国网球比赛增加了青少年比赛项目。从1956年中国网球队首次参加锡兰科伦坡亚洲网球锦标赛，至1966年，中国网球活动开展得如火如荼。1958年，梅福基凭借温网向中国运动员发出的第一张正选赛外卡，打入了当年温网第二轮。1959年10月，第一届全国运动会（简称"全运会"）举行，网球被列为正式比赛项目。此次全运会后，全国正式组建了十余支网球队伍。在这段时期，青少年的业余训练也得到了加强。1962年10月，在度过国民经济极其困难的时期后，国内体育比赛陆续恢复，并在北京举行了全国网球对抗赛。同年冬，中国网球队在上海组织首次集训。1964年，为了改变我国选手以底线防守为主的打法，首次全国网球工作会议在上海举行，本次会议提出了积极使用主动上网进攻的打法。1965年第二届全运会上，上海队包揽了7块网球项目金牌。当时我国男子网球水平与苏联、波兰、匈牙利、罗马尼亚、捷克斯洛伐克等国相当，女子网球在20世纪五六十年代在亚洲曾有保持不败的战绩。因此，1956—1965年，我国网球的整体水平在国际上具有不俗的竞争力。[①]

新中国培养出了一批热爱祖国、事业心强、具有强烈敬业精神的优秀运动员。例如，此前是上海私人俱乐部的陪打球员梅福基、朱振华等人在新中国成立后表现出巨大的潜力，经过刻苦训练，他们水平突飞猛进，在国际赛场上凭着热爱祖国的满腔热情，顽强拼搏，战胜了一些强手，为国家争得了荣誉。

（二）发展阶段（1966—1976年）

1966年开始，全国的网球活动都基本停止了，网球场关闭，网球比赛停办，网球人才也随之流失并出现了青黄不接的现象。

---

① 参见孙艳《新中国网球运动发展分析》，载《体育文化导刊》2011年第12期。

网球运动的发展与科技的运用

1972年，为了纪念毛泽东主席提出的"发展体育运动，增强人民体质"二十周年，也为我国参加第七届亚运会做准备，周恩来总理指示国家体委恢复各项体育活动。1972年，北京市体委举行网球邀请赛。1974年第七届亚运会，中国国家网球队派出教练梅福基和沈建球带队，男女运动员各4名参赛，男队员有许梅林、吕正义、王福章、高宏远，女队员有张荣华、姜丽华、严大翠、郭汉琴。在这届亚运会上，由于多方原因，中国运动员在单项比赛中弃权4次，最终只获得了3枚银牌（男子团体、女子团体、混双）。但这个成绩对于仅仅恢复网球运动两年的中国队来说，是难能可贵的。

1975年，在第三届全运会上，北京队夺得网球男子团体冠军，湖北队夺得网球女子团体冠军。同年冬开始，国家组织了连续7年的网球冬训。为了加强球员的进攻意识，1976年，国家体委改革网球竞赛办法，按发球上网的指标决定名次。1977年，网球竞赛规则改为男子3拍、女子4拍得分制，从而简化计分方法。这种改革方式，强化了网球运动员进攻性打法的转型，促进了网前技术的广泛运用，弥补了我国当时网球技术上存在的缺陷。但当时的中国网球队依旧面临着技战术落后、攻击力不足和缺乏后备人员梯队等问题。

（三）国际接轨阶段（1977—1989年）

国家的开放政策，给体育活动带来了生机和活力，网球活动逐渐增多，国内外教练和球员的交流日益频繁。1977年以后的十余年间，有来自美国、澳大利亚、日本等二十多个国家和地区的网球队来华访问。1979年，中国网协与国际网联初次接触，并派代表团访美。同年，国际网联回访我国，带来了当时最新的网球技术和知识，其中具有代表性的就是双手反手（简称"双反"）击球。在"双反"击球诞生之前，网球选手采用的反手是单手反拍，只能打出削球和平击球，攻击力弱，且球速相对要慢很多。同年，北欧银行杯赛在广州举办，世界球星比约·博格和约翰·亚历山大应邀参加。1980年，在广州举办的万宝路精英大赛吸引了吉米·康纳斯等众多网球高手参加，中国网球界在国内领略了世界顶尖球星的风采。1981年7月，国际网联在瑞士召开代表大会，确定中国网协为其会员，中国网球从此重返世界舞台，中国球员开始有机会参加职业网球巡回赛。1983年，广州举办了广州国际青少年网球比赛。1986年，第十届亚运会在韩国的汉城（今首尔）举行，中国网球队的阵容是：男队教练吕正义，女队教练顾明华，男队队员刘树华、尤伟、马克勤、谢昭，女队队员李心意、钟妮、段丽兰、蒲秀芬。最终，女队在本届比赛中获得网球女子团体冠军，李心意获得网球女子单打冠军，从而结束了我国在亚运会网球项目上无金牌的历史。此外，中国队还获得网球男子团体、网球男子双打（刘树华和马克勤）、网球混合双打（尤伟和钟妮）3枚银牌，以及刘树华的男子单打铜牌。这是中国网球队参加亚运会以来取得的最好成绩。1988年汉城（今首尔）奥运会，中国网球运动员李心意和李燕玲参赛。同年第三次全国网球训练工作会议召开，国家体委决定集中人力、物力，组建长期集训的国家网球队。

（四）战略调整阶段（1990—2007年）

在1990年第十一届北京亚运会网球男子团体比赛中，中国队以3∶0战胜韩国队获得冠军；网球男单比赛中，潘兵以2∶0战胜队友张九华获得冠军；网球男双比赛中，夏嘉平和孟强华以2∶0战胜队友潘兵和刘树华获得冠军。此外，女队获得了网球单打银牌和网球团体铜牌。潘兵是我国第一位获得亚运会网球男单冠军的网球运动员。中国网球队在本届亚运会共获得3枚金牌、3枚银牌、1枚铜牌，结束了我国在亚运会网球比赛男子项目上未曾夺得过金牌的历史。1991年，夏嘉平在世界大学生运动会上获得网球男单冠军，这是我国网球选手第一次获得世界性比赛的金牌。同年，中央电视台开始转播每年一届的四大网球公开赛之一的法国网球公开赛。

1992年初，李芳打进澳网女单32强。为适应国际网坛的比赛规律，我国在1992年开始举行全国网球巡回赛，共设十站比赛，并设有奖金、积分和全国排名。1993年，我国首次举办国际职业网球巡回赛——北京沙龙网球公开赛。自北京沙龙网球公开赛后，不同级别的各类国际赛事开始在中国陆续生根发芽。1994年，第十二届亚运会在日本广岛举行，网球比赛的参赛队和参赛人数均为历届之最。此次比赛中，中国队共获得了2枚金牌：潘兵在网球男单比赛中力挫韩国尹勇义卫冕成功，夏嘉平和李芳的组合拿下了我国参加亚运会以来的首枚网球混双金牌。

网球运动的发展与科技的运用

此后,潘兵、夏嘉平、张九华等一批优秀的运动员退役,中国男网出现后备人才缺乏的情况,中国男子选手在国际赛场鲜有出色的表现。在1998年曼谷亚运会上,中国网球队仅获得了一枚女双金牌。这一年,中国网协制定并出台了网球协会俱乐部章程,开始在全国推行俱乐部联赛。2001年,为了备战我国第九届运动会,各地方运动员的注意力都集中在国内的比赛和训练中,出国参赛的次数相对减少很多,这也导致我国高水平选手的国际排名均有所下降。而国内训练与国际比赛的脱节直接导致2002年中国网球队兵败釜山亚运会。因此,我国网球职业化改革被正式提上日程。

釜山亚运会后,国家体育总局网球运动管理中心经过慎重考虑,最终明确了"以女子项目作为重点项目,以双打为突破口"的战略。在"必须获得参加奥运会资格"的硬指标下,国内顶尖网球运动员被允许参加国际比赛。经过上海市有关部门的不懈努力,上海大师杯于2002年10月成功举行。这不仅是我国首次举办的世界最高级别的网球职业赛事,而且标志着中国大规模举办国际顶级比赛的开始。[①] 2004年,中国网球同时取得了多项历史性突破:继李婷和孙甜甜在雅典奥运会夺得女子双打冠军后,郑洁和晏紫进入澳大利亚网球公开赛女子双打前8,郑洁进入法国网球公开赛女单16强,李娜则获得了中国第一个WTA巡回赛单打冠军。2006年,郑洁和晏紫夺得了澳大利亚网球公开赛和温布尔登网球公开赛两项大满贯赛事的女双冠军;李娜在温布尔登网球公开赛进入女单8强。同年的多哈亚运会上,中国网球队获得女单、女双共2枚金牌。2007年,中国队征战澳网的人数比以往更多,除了大家熟知的李娜、彭帅、郑洁、晏紫、李婷、孙甜甜和袁梦7名队员,孙胜男、张帅等国家网球二队队员也开始在大满贯赛事中亮相;而以前不太被中国网球队所重视的大满贯赛事青少年组比赛,此次也有4男3女共7名中国队球员参赛,其中柏衍和周弈妙更是相继创造了中国选手在大满贯赛事青少年组单打中的最佳成绩。2008年,郑洁以外卡选手身份闯入温布尔登网球公开赛女子单打4强,这是该赛事历史上的第一次。在2008年北京奥运会上,郑洁和晏紫获得网球女子双打季军,李娜获

---

① 参见《2002年大师杯奠定良好基础 上海胜出 众望所归》,见新浪体育(http://sports.sina.com.cn/s/2004-06-04/0329262531s.shtml)。

得网球女子单打第4名。①

(五) 改革创新阶段 (2008年至今)

2008年10月，全国网球训练工作会议在南京召开，会议决定运动员由"集体训练"向"个性化针对性训练"模式转变。2008年12月，中国网协做出允许郑洁、李娜、彭帅、晏紫4名运动员"单飞"的决定。她们将自主参赛、训练，并自负盈亏。2010年，在澳大利亚网球公开赛中，郑洁、李娜同时打进女单4强。2011年，李娜获得澳大利亚网球公开赛女单亚军，并在随后的法国网球公开赛上获得女单冠军，单打世界排名上升到第4位。男子方面，"中国一哥"张择在2012年中国网球公开赛进入8强，取得历史性的突破，同时创造了中国网球男子选手在公开赛时代的最高世界排名——第154位；21岁的吴迪在2013年获得澳大利亚网球公开赛组委会颁发的外卡，成为第一个参加澳网男单正赛的中国男子选手。② 我国的女子选手在职业赛事中的出色表现，如李婷、孙甜甜获奥运会女子双打冠军，郑洁、晏紫获大满贯赛事女子双打冠军，更是使得她们的世界排名进入前100名。尤其是两次赢得大满贯赛事女单冠军的李娜，其在2014年世界女子单打排名升至第2。2013年，李娜成为《时代》杂志的封面人物，并入选了当年年度全球最有影响力百名人物名单。③ 2017年，吴易昺获得美网青少年组男子单打、男子双打冠军，这也是中国男子选手首次获得大满贯赛事单打、双打冠军。2022年美国网球公开赛，吴易昺从预选赛一路过关斩将，打进第三轮，创造了新中国男子选手在大满贯赛事的最好成绩。

网球运动在我国蓬勃发展，在广大的中国土地上生根发芽。青少年参与网球训练的人群逐年壮大，一线、二线城市的网球场数量和质量不断上升和提高，网球运动已经成为普通大众健身、娱乐、休闲的首选项目之一，亦成为最受大学生喜爱的体育运动之一。网球业余比赛也如雨后春笋般迅速展开，如"全国各地区业余网球比赛""中国大学生网球

---

① 参见孙艳《新中国网球运动发展分析》，载《体育文化导刊》2011年第12期。
② 参见《中国男网"第一人"受追捧吴迪闯入澳网正赛》，见人民网（http://sports.people.com.cn/n/2013/0115/c22155-20203833.html）。
③ 朱宗海：《从〈运动训练学〉视角剖析"李娜现象"》，载《湖北体育科技》2015年第2期。

网球运动的发展与科技的运用

锦标赛""少儿短式网球赛""校长杯"等众多网球赛事。随着中国体育设施建设不断完善,新的网球场不断增加,国内网球人口(至少打过1次网球的人群)迅速增长,可以说,中国的"网球时代"已经到来。

三、中国网球运动的现状

在很长一段时间里,网球运动在中国被视为上流社会的运动,有能力参与这项运动的人极少。早期从事网球活动的人群多为学生、教师、华侨和社会上层人士。"文化大革命"时期,网球与许多运动项目一样陷入停滞。1972年,国内重新恢复了网球运动。改革开放之后,国家经济实力提升、人民生活水平不断提高,中国网球运动也进入了快速发展阶段。现在,网球运动在国内已经成为一种时尚的健身方式,参与网球运动的人群越来越广泛。ITF公布的《2021世界网球调查报告》显示,中国的网球人口超过2000万,网球场超过5万片,全国网球场地建设数量逐年递增,伴随着体育产业的蓬勃发展,网球的市场也在迅速成长。① 但是观看现场比赛的观众还是有选择性地观赛,人们更加喜欢观看如上海大师赛、中国网球公开赛等世界职业顶级比赛,对一些低级别的赛事关注度并不高。究其原因,一方面,网球比赛的观赛门槛较高,民众对网球比赛规则不甚了解;另一方面,我国缺乏世界顶尖级别的网球选手,这也是难以吸引观众的重要原因之一。加之我国网球场相对人口的比例较低,以致能参与网球活动的人数有限。另外,场地租金高也是一般工薪阶层对网球望而却步的又一原因。以上海为例,每20万人平均仍无法拥有1片场地,而美国每1万人就拥有5片场地。没有广大的受众群体就没有网球的群众基础,网球项目的发展就会受到制约。

随着国家经济快速发展,国民收入不断提高,参与网球的人群越来越多,中国网球运动的竞技水平也在不断提高。在当今世界体坛中,网球是职业化程度非常高的项目,有着完善的运营机制和赛事体系。男子

---

① 参见《中国网球最新数据:网球人口超2000万+5万片球场+1万多名教练》,见品阅网(https://www.q578.com/s-7-2102447-0/)。

网球选手通过参加ATP巡回赛获得积分，女子网球选手通过参加WTA巡回赛获得积分，并且只有具备较高的排名才有参加四大网球公开赛的资格。中国网球运动员只有在高级别比赛中取得好成绩，才能使中国网球整体竞技能力得到提升。我国网球不断探索与国际接轨，1991年开始举办有积分、有奖金的国内巡回赛，并取得了一定的成果，但后来因资金等诸多问题，比赛被迫取消。

经过中国网协多年来的努力，以及地方热爱网球运动的有识之士的大力推广，国内举办的网球职业赛事级别越来越高，比赛也越来越多，有更多的球员步入职业网坛并崭露头角。中国网协创办了全新的中国网球巡回赛，比赛采用分级赛制，选手严格根据中国网协制定的球员水平等级参加相应级别的比赛。参赛资格为已在中国网协注册个人会员并按时缴纳年费的年满14岁的球员，且具备二级以上（含二级）运动等级，或已参加过中国网球协会网球运动技术等级（CTN）测评并获得CTN等级1~4级。中国网球巡回赛系个人赛，比赛设男子单打、女子单打、男子双打和女子双打四个项目。排名较低或无CTA积分的选手需要参加预选赛，脱颖而出者获得正选资格。CTA 800分站赛总奖金50万元（人民币，下同），单打冠军获得3万元，双打冠军获得2万元。CTA 1000分站赛总奖金80万元，单打冠军获得4万元，双打冠军获得4万元。CTA 1000总决赛总奖金220万元，单打冠军获得21万元，双打冠军获得14万元。中国网协的举措可谓与时俱进，高额的奖金刺激专业球员积极训练和参赛，这无疑将会推动中国网球建设高水平人才队伍，从而促进网球运动繁荣发展。

总体而言，影响中国网球发展的因素有以下三个方面。

（一）教练员执教水平不断提高

高水平的专业网球教练员是提高网球运动员水平的重要先决条件。一名优秀的网球教练员，必须在第一时间了解并掌握国际网坛的最新动态和技术。国际网坛新的技战术层出不穷，新的训练手段和方法也推陈出新，优秀的网球教练员必须跟上时代的步伐，更新观念。例如，教练员不能单一地使用相对枯燥的传统教授法，而应在训练组织上运用丰富的手段，强调比赛和训练的智能化，调动球员的训练兴趣；借助高科技等手段分析技战术，发挥陪练技巧；配备专业的体能训练师，打造

网球运动的发展与科技的运用

符合球员提高自身能力的、有针对性的体能训练计划；等等。

近些年，网球教练员人才队伍逐渐丰富，有些是经过高校深造的高水平网球退役运动员，有些是体育专业院校毕业生，等等。年轻教练员更愿意接受新观念、学习先进技战术，这必然会促进我国网球运动水平整体提高。

（二）运动员综合素质不断提高

综合素质是一名运动员能否达到竞技顶峰的重要条件。随着中国经济高速增长，越来越多的国际网球赛事在国内举行，这一方面提高了国内组织大型赛事的能力，另一方面也促进了运动员的综合素质不断提高，包括语言能力、专业能力、赛事理解力等。中国网协新赛制的制定、高额奖金的激励，都使得现役球员们有充分的理由保持一颗拼搏之心，不断提升自身的竞技水平。

（三）训练竞赛观念改变

科学而先进的训练手段是取得好成绩的重要保证。国际网坛新技术不断涌现，打破传统训练模式已是网球训练的特点之一。随着互联网的发展，人们通过智能手机就可以观看国外高水平教练员和顶级职业网球运动员的训练视频。中国教练员在总结传统经验的同时融入科学技术支持下的高科技训练手段可以事半功倍。现在越来越多的教练员每年都会参加一些由专业网球协会举办的国际论坛和专家会议，这为中国教练员更新训练理念提供了保障。

第三节　网球运动的特点与价值

一、网球运动的特点

（一）适应群体的广泛性

网球与高尔夫、保龄球、台球被并称为"世界四大绅士运动"，其以独特的魅力受到人们的广泛喜爱。网球运动是一种运动寿命长，充满趣味性、娱乐性的健身运动，各年龄段和性别的人群都能在网球场上找到运动的乐趣。

（二）运动量大小的可控性

大众网球运动对于参加者的体能要求并不太高，并且可以有效控制运动量。球拍、球线和球都具有弹性，击球者可根据自己的能力来确定打法，控制球的速度和力量。所以，网球运动适合不同年龄段的运动者，人们并不需要担心是否具有足够的力量来从事网球活动。

（三）网球运动的休闲性

随着生活水平的提高，人们对生活质量的要求也越来越高。在生活工作之余，人们需要更加丰富的娱乐活动。网球运动需要通过不断的琢磨和思考来提高球技，而比赛中的战术运用就更需要综合考量球员的思想和肢体配合，喜欢网球运动的人口在迅速地增长，人们已经把网球运动作为一种既可健身又可放松身心的休闲娱乐方式。

（四）场地器材的限制性

与其他运动项目相比，网球场的造价较高，网球运动本身对场地的要求也较高，因此，发展中国家的各级学校以及社区有网球场的并不多，网球场数量较少也是限制人们参与网球活动的原因。但随着经济的增长以及人们运动健身意识的提高，网球场地设施在不同地区都有了不同程度的改善。

（五）自然环境的影响性

由于网球运动是室外运动，网球场大多建在露天的环境下，因此，天气等自然环境的变化对网球运动的影响较大。如四大满贯赛事中的温布尔登公开赛等常常会因为天气而推迟比赛，大师杯的各站比赛也是如此。

（六）职业比赛的可观赏性

随着网球赛制和赛程越来越科学、规范，场地器材不断改变，职业比赛越来越多，球员技术水平越来越高，比赛的精彩程度也随之提高。

网球运动的发展与科技的运用

另外，电视转播技术的提高也使网球比赛更具观赏性，使电视机前的观众有身临其境的感觉，从而吸引更多的网球运动爱好者。

（七）比赛时长的不可控性

无论是职业网球比赛还是业余网球比赛，双方选手常因实力接近致比赛都分胜负，比赛的时长无法准确控制。比如，大满贯赛事的男子比赛为5盘3胜、女子比赛为3盘2胜，而男子比赛一般的比赛时长在3～5小时，大满贯赛事中因比赛时间太长、太晚而在当天中止比赛，第二天继续比赛的情况也屡见不鲜。不过，现在的业余比赛和低级别赛事已开始采用平分无占先的金球决胜赛制，这大大压缩了比赛时长。

（八）球员的独立特性

网球比赛有别于其他体育比赛，除了团体比赛在交换场地时教练员可以进行场外指导，其他任何时候，比赛过程中都不允许教练员进行现场指导，哪怕是打手势也不行。球员必须独立应对整个比赛过程，这需要他们具有良好的心理素质、强大的应变能力，才可能获得比赛的胜利。

二、网球运动的价值

（一）促进健康，增强体质

网球运动属于有氧兼无氧运动项目。所以，经常打网球对人们的心血管系统大有裨益，可降低血脂、预防高血压。运动量的大小完全可以由运动者自己控制，想要锻炼强度大可以单打，想要娱乐性强可以双打。此外，击球速度和力量也可以由自己控制。网球运动被称为"腰部以下、脖子以上"的运动，意思是打网球不仅要频繁跑动，更要多动脑。经常打网球可以增强人的思维的灵活性，提高反应速度。

表面上，网球的抓拍动作是用手臂发力，实际上是球员由下肢发力而传导到手臂。所以，网球运动者需要注重下肢力量的锻炼。同时，网球运动对身体健美、塑形也都有良好的效果。网球是非常适合女性业余爱好者健身的运动，从事网球锻炼可以使肌肉变得紧实，打球后配合相应部位的拉伸会使肌肉得到良好的放松。此外，这项"绅士运动"无处不体现着优雅的气质，参与网球运动不仅可以锻炼身体，而且能陶冶情操，增加人们的自信和气质。

网球运动不仅是流行的时尚运动，长期打网球还能帮助我们获得乐趣。它允许运动者按自己的速度和节奏进行活动。从事网球运动的人群广泛，无论职业、年龄、性别，只为共同的爱好相聚在一起。网球爱好者不论男女老少，只要通过长期练习，他们都能做得像网球明星一样潇洒自如。

进行适当、合理的运动是控制体重的有效手段。网球运动是有氧兼无氧的运动，符合体重控制的运动需要，其运动的特性决定了网球是增强体质、控制体重的有效手段之一。

（二）锻炼良好的心理素质

打网球必须学会控制自己的情绪，学会调整自己的心理状态。特别是在两位选手技术水平相当的情况下，想要战胜对手需要强大的心理素质。例如，在比赛中出现连续失误时，应考虑如何使自己尽快冷静下来，重新树立勇气和信心；在局面被动或比分落后时，应冷静思考如何保持沉着，不气馁、不放弃；在比分领先时，应一鼓作气拿下比赛，不给对手任何喘息的机会；在比分处于胶着状态时，更要有耐心，要抓住机会、敢于出手，造就敢打敢拼的勇气，培养积极上进的心态。

（三）陶冶情操

网球运动是隔网对抗项目，双方运动员隔在球网的两边，在打球的过程中彼此不会发生身体接触与伤害。网球运动还是一项智力与体力完美结合的体育运动，每一次击球都需要迅速而果断地进行判断和选择。通过网球比赛交流，打网球的人可以锻炼自身的控制力、耐力，培养团队精神，提高凝聚力，造就良好品格。

网球运动是一项高雅的运动，对参与者有一定的要求，球场上使用最多的是"Thank you."（谢谢）、"Sorry."（对不起）等文明用语。当自己的球滚到邻场，而邻场有人正在练球时，要等到"死球"时才能进场捡球，并说"对不起""打扰了"等礼貌用语。

作为观众，观看网球比赛时应该注意以下六点：①进场时，应该等单数局结束双方交换场地时，并且要快速进场，不要大声喧哗；②比赛

网球运动的发展与科技的运用

期间,只有当球员交换场区、局间或盘间休息时,才能在观众席进行短暂的走动或离场;③观看比赛时,尽量避免携带会发声的物件,应将手机设置为关机或振动状态;④当球处于"活球"期时,应保持安静,不可大声喧哗,更不能发出声音;⑤当一分结束时,观众才能鼓掌,对精彩的击球给予鼓励;⑥禁止使用闪光灯进行拍照。

（四）提高社会交际能力

网球场是结识朋友的好地方,人们通过切磋球技而相识、交流。在网球场上大家都是球友,没有年龄的界限,没有性别的障碍,也没有社会层级的划分。所以,网球可以拉近人们之间的距离,是一种交友的手段,提高人们的社交能力。网球运动具备健身功效,可以成为终身体育运动项目之一。网球运动是一项绅士运动,打网球者经常带有优雅的气质,现代社会随着人们生活水平的提高,打网球已然是日常生活中一项时尚的运动,尤其是大学生们和白领阶层,已把参加网球运动作为一种时髦。

综上所述,网球场不仅可用于竞技,还是一个很好的交往场合,促进人们之间的交流和沟通,网球运动也是一种维系人际关系的纽带,可以说,网球运动是公共关系的良好媒介。

（五）培养坚强的意志品质

人们在练习网球技术时需要面对动作的不断重复,因而要忍受枯燥。在比赛过程中,运动员在享受网球运动的同时也在承受着可能失败的压力,这需要运动员保持好的心态去面对各种情况,无论胜利还是失败都坦然面对,从而培养坚强的意志品质。这些意志品质的锻炼对参与网球运动的人而言是一笔宝贵的财富。研究指出,经常打网球的人更加自信,更健康,自控力更强,更容易得到别人的信任,工作也更积极。

（六）终身运动的特点

网球运动是一项强度可控的运动。它因具有适合不同年龄段人群的身心健康的特点,而成为群众性广、男女老少均喜爱的体育运动项目之一。

在世界职业网球顶尖选手中,年龄在30岁以上的球员居多。网球运动不受年龄、性别等诸多因素的限制，只要水平相近都可以进行对打练习。网球运动还是一项家庭化的运动，夫妻之间、儿女之间、长辈与晚辈之间都可以进行，这对维护感情、增进了解、保持家庭和睦均具有重要意义。网球运动的功能全面，运动强度的可调控性及其趣味性，使得打网球的人在不知不觉中可以得到长时间的锻炼，对人们心肺功能有着莫大的好处。

网球运动对初学入门者没有苛刻的要求，只要拿得动网球拍，就可以进行锻炼；网球运动允许不同水平的人参与，通过学习掌握相应的技术动作，慢慢琢磨研究，就能从中体会这项运动的乐趣。

（七）放松身心，缓解疲劳

现代社会中，人们的生活越来越紧张、忙碌，来自社会的压力也越来越大，此时人们的身体与心灵上常常会出现一些不良反应，如疼痛、疲惫、忧虑、不安等。这些现象都被称为"压力的表现形态"。

当你感受到压力时，身体自然会出现心跳加速、冒汗、没有胃口、失眠、害怕等表现。研究表明，日常生活中不佳的人际关系、繁重的工作要求、理想化的社会期望、不可预知的身体状况等都可能是压力的来源。长期处在过大的压力中是有害的，会使人产生精神紧张、内分泌失调、心跳加速等问题，直接影响身体健康与生活品质。工作上的压力、学业上的压力以及各种心理负担，人们通过打网球都可以得到舒缓与调节。此外，可以肯定的是，适当的运动可以增强人体的免疫力，促进新陈代谢。网球运动由于其运动强度适当、无身体接触、趣味性强等特点，成为人们调节身心、放松心情的重要手段之一。

第四节　科技在网球运动中的应用

一、科技对网球运动器材的影响

（一）科技与球拍

网球运动是双方隔网使用球拍进行对打，属于隔网对抗项目。网球拍是网球选手击球时使用的器械，是开展网球运动必不可少的工具，所以网球拍的改良推动着网球运动的发展。

20世纪70年代前，人们普遍使用木制球拍。早期木制球拍是由一片片坚固的楔形木加工定型而成，后期改良成木头或者竹子的薄片加热弯曲定型。木制球拍制作工艺复杂，需要经过复杂的技术环节，也容易受到天然材质特性的限制。高级的木材由于弹性系数高、韧性好而不易折断，但也有致命的弱点——太重、刚性差。受限于重量，木制球拍拍面尺寸在70平方英寸（约合451.61平方厘米）左右。考虑到挥重和坚固两个角度，这已经是极限了，穿好拍线后，球拍整体重量达到370克以上。由于这种球拍的拍面小，且球拍自身重量太大，加之当时的技战术打法比较单一，因此限制了网球运动的发展。

网球拍的理念起源于人的手掌，网球的起源就是传教士用手掌击球的游戏。1874年，英国人温菲尔德为网球拍制定了样式后才最终演变成现在的拍子。而随着新材料不断出现，新的网球拍应运而生，球拍对网球比赛打法的影响也不断加大。

1967年，Wilson（威尔胜）公司研发并推出了一款合金网球拍。这款网球拍与以往的木制球拍不同，它采用镀铬镍和特殊的钢合金材料制作而成。这种新颖的材质使得球拍的强度得到提升，不易变形并且重量也随之减轻，这些优势使得这款网球拍获得了巨大的成功。这款网球拍的出现也开启了一种新的发展趋势——人们此后不断探索全新的材质并将其应用于球拍制作。

后来，球拍制造商发现碳素纤维与塑料的混合物在刚性和可塑性上与金属相当，而且重量更轻。现今所有网球拍制造商都会生产碳素纤维球拍，碳素纤维球拍被广泛地使用。从20世纪到今天，球拍从击球震动大、重量大的木质球拍，演变到现在的击球威力大、震动小且重量轻的碳素纤维球拍，这使得人们打球更加轻松，更容易打出高速击球。随着球拍的制作工艺、材料不断更新，网球的技战术更是层出不穷，球速更快、力量更大、进攻性更强是科技融合网球器材的最大特点。新的技战术打法也应运而生。

（二）科技与网球运动服装

从早期的纯棉材质发展到现在的聚酯纤维化纤材料，现代网球服装越来越轻薄。这种面料可以帮助运动员迅速排汗，在运动中感觉更加舒适清爽。此外，服装包括接缝处都使用了无线头设计，这种设计提高了球员穿着的舒适性。

网球鞋的科技含量也越来越高，鞋底从早期的胶底演变到气垫，再到现在的环保减震材料；鞋面由布质进化到皮质，再到现在化纤编织鞋面的广泛应用。新材料制成的网球鞋使得球员穿着更加舒适轻便，对脚的保护也更加稳固。网球鞋减震系统的发明，减少了大量关节损伤的发生。新的鞋底材料大大降低了球员的脚踝膝盖承担压力受到伤病的可能性。这也是科技对球员身体安全的保护作用。不仅是鞋底，Nike（耐克）公司研制的网球鞋在鞋面部分运用了一种名为 Flywire（飞线）的技术，这种高科技使得鞋面厚度达到了惊人的 1 毫米，并且通过细线牢牢固定在球员的脚面，使球鞋既轻薄又具有坚固的保护性。

（三）科技与网球场地

在网球运动不断发展的过程中，场地的科技变革使得网球比赛的观赏性达到了新的高度。随着球员水平的提高，场地材料对球员的影响也无限地被放大，这不仅是出于对比赛流畅度的考虑，更是出于对球员的保护。比如，澳大利亚网球公开赛在 1988 年以前一直是草地赛事。后来澳网比赛场地由草地改为硬地球场。然而，更换硬地球场后球的弹跳变高，使球员在比赛中极难适应，比赛的效果并没有变得更好。2007年的澳网比赛后，澳大利亚网球公开赛的组委会决定将场地涂层材料替换为一种叫 Plexicuhion 的有机材料，以避免球在场地上的弹跳黏性过大。这次场地涂层材料更换受到了广大职业球员的支持。可见，科技对于改变场地和提升比赛效果起到了很大的作用。

网球场地的种类可划分为硬地球场、软性球场、草地球场三种。现在的四大网球公开赛中，澳网和美网在硬地球场比赛，法网使用的是红土软性场地，温网则是草地球场。

草地球场的历史最为悠久，也是最传统的网球场地类型。其特点是球与地面摩擦力小、弹跳低。草地球场需要球员更快地做出反应，对球员的奔跑速度、击球技巧要求极高。因此，草地网球更适合采用进攻型打法的球员，上网型球员在草地网球场的优势最为明显。但是，网球场地的草皮特殊，规格更高，对气候、养护的要求更加苛刻，因为其保养成本非常昂贵，所以很难在世界范围内普遍推广。

人工材料的出现解决了天然材料的高成本难题。人造草地网球场，也叫"化纤地毯网球场"，是一种以尼龙材质为底层，上面"栽种"束状尼龙短纤维，纤维间再填充细沙的网球场。

软性球场类型包括红土沙地、泥地。软性球场的特点是球与地面有较大的摩擦，球的弹跳速度较慢、弹跳较高。在软性球场比赛更加考验球员的意志品质，球员在跑动中急停或急转时多采用滑步，需要有充沛的体能、灵活的步法、顽强的意志。在软性球场比赛，对于底线能力出色的球员具有较大优势。

硬地球场一般由水泥和沥青作为基础层，表层有涂料。表面平整度高，球的弹跳均匀有规律，且维护保养成本低，使硬地球场在全世界范围得以普遍推广。无论是底线型球员还是上网型球员都可以在硬地球场比赛中取得较好的成绩，因此硬地球场被很多职业球员认可。

二、科技对网球教学训练与比赛的作用

（一）科技与网球教学训练

竞技比赛中，运动员的目标是争金夺银。其竞技能力的提升和运动成绩的提高，离不开科学、合理的训练方法以及教练员的悉心指导。随着国际赛场的竞争日益激烈，教练员单凭经验指导运动员训练的时代已经成为过去，现在必须借助科学手段、科技设备和仪器来指导训练，从而提高运动员的成绩。

近些年，人工智能、云计算、虚拟现实技术得到快速发展，在体育领域也早已被大量应用。例如，虚拟技术通过数字化手段模拟出运动场景，使运动员可以在虚拟现实中进行高难度、有针对性的训练；人工智能通过对运动视频的计算分析，可以为教练员和科研人员提供肉眼无法捕捉到的动作，为教练员的科学指导训练和研究人员的研究分析提供数据支持，也使个性化训练和教学得以实现。

此外，在网球教学训练中，鹰眼（Hawk-Eye）技术能准确、客观地观察球员的动态状况，对教练员的教学和训练安排有着科学的指导意义。

（二）科技与网球比赛

在网球比赛中运用科技手段最具有代表性的例子就是鹰眼技术。鹰眼技术由英国人保罗·霍金斯（Paul Hawkins）发明，名字源于发明者姓氏的前四个字母（Hawk），也被称为即时回放系统（instant replay）。鹰眼系统在比赛中可以辅助裁判员完成判罚和对争议球的处理。它由8个或者10个高速摄像头、4台电脑和大屏幕组成，通过高速摄影技术对球的路线和落点进行精准捕捉，然后以3D（三维）图像的形式将之呈现于大屏幕上，整套操作所耗时间不超过10秒。鹰眼技术可以让现场观众和电视机前的观众重温每一次精彩击球的落点，避免了裁判的误判，从而让球员更专注于比赛。

第二章 科技助力下的网球教学

网球教学工作的开展涉及诸多方面,并且随着科技和理念的不断改革与创新,其在教学方法和手段上也有了创新。同时,在开展网球教学的过程中,也会涉及一些创新科技手段方面的知识。本章从网球运动传统教学方法、科技手段在网球教学中的应用、科技在网球教学中的作用三个方面对网球运动教学的开展进行了研究。

第一节 传统网球教学模式

网球教学是网球运动体系的重要构成部分,是教授网球运动必须掌握的方式方法。教学可使学生或球员能够更好地掌握网球技术和战术;也只有在正确的理论指导下,学生或球员才能正确地运用技战术开展网球训练。在网球技战术掌握方面,理论知识是依据,而技术是战术的基础。因此,技术与战术的学习内容是一个统一的整体,相互之间产生作用,在具体的教学过程中应同等对待。一方面,网球教学有助于提高学生或球员的灵敏性、耐力、协调性、爆发力等身体素质特征;另一方面,网球教学可使学生或球员通过科学的训练,学习网球运动的基本理论知识,掌握相应的基本技术和战术,达到一定的基本网球技能水平,形成终身参与体育锻炼的良好习惯。

一、传统教学方法基本内容

(一)技术

网球运动中的技术是网球教学的主要内容,包括规范技术、动作的要领及其运用方法。规范的技术动作是掌握基本技术的基础。要想不断提高技术水平，基础技术动作的规范至关重要。网球技术教学可以分为教学初级阶段和提高阶段，且各阶段都有各自不同的教学内容。

1. 初级阶段

在这一阶段，各种技术动作的握拍方法、基本步法，以及下手发球和上旋击球技术是主要的教学内容。教学的重点在于使学生或球员掌握击球节奏、球与身体的距离、球拍与球的位置关系，形成固定的较规范的动作习惯，把握击球的时机，使身体在击球时协调用力。

2. 提高阶段

通过初级阶段的教学，学生已经掌握了一定的网球技术，这也为其进阶学习打下了基础。在提高阶段，主要的教学内容是上手发球、下旋击球、网前截击技术、高压球技术，让学生能够掌握上旋球和下旋球的灵活运用，并能够根据场上的实际情况加以合理运用技术。在提高阶段，应使学生重点把握击球节奏，养成预判对手击球落点的习惯，更加合理地运用步法进行击球前的调整，并能根据球的速度和路线，快速移动到合理位置进行击球，提高回球的质量。

（二）战　术

战术对网球运动的作用非常重要，战术运用得当对比赛的结果会产生决定性作用。根据参与人数的不同，网球比赛可分为单打比赛和双打比赛。单打比赛和双打比赛在战术运用上有着较大的不同，在教学中就要分别就单打和双打进行战术的教学。

在单打比赛中有底线型打法、上网型打法、全面型打法，而这几种打法所对应的战术又截然不同。双打比赛中有不同的阵型，如双上网站位、一前一后站位和双底线站位。另外，在网球教学中，应培养球员独立思考的能力，也就是培养球员结合网球运动特点的战术意识。

除了团体赛，网球教练员不可以在比赛期间进行任何指导，这就需要球员在比赛中独自面对所有问题。因此，在网球战术教学中，应帮助球员了解各种战术的运用方式，以使球员在比赛中充分发挥出应有的竞技水平。网球战术教学也有初级阶段和提高阶段之分。

1. 初级阶段

在初级阶段，把球发过网、打到对方的界内是首要的教学内容。在此基础上，打对方的薄弱环节（反手位），或打对角线也是较好的战术。因为打对角线时，球过网的路线长、过网高度较低，成功率较高。

2. 提高阶段

学习组合练习，包括发球上网、随球上网、击球节奏变化、击球落点变化、击球线路变化等战术，是提高阶段的主要教学内容。这一阶段要培养根据自己或对方的发球和回球质量采用合适的战术的意识。

二、网球教学原则

（一）学习与实战相结合原则

开放性和对抗性是网球运动的重要特征。这使得网球教学过程应将实战对抗能力放在重要位置上。开放性技能教学的规律要求技术动作的学习必须与实战运用相结合。在对网球运动技能进行学习时，不应把技术仅视为固定程序的身体操作，而应首先建立起在移动中对抗的概念和技术实效的概念。从某种意义上来说，网球技能形成与发展的普遍规律是从实战中学、在适应中学，因此，应把技术动作的教学与实战运用能力的教学相结合。

（二）知觉优先发展原则

网球是以球拍为器械、用球拍击球的运动项目。网球场、专用器材等要素构成了网球运动独特的运动环境。网球教学首先要求对网球运动的环境和器材进行感知，这种感知是专门性知觉发展的过程。其中，对网球教学至关重要的是球拍对球的控制能力。教学中要优先发展这种能力，以确保技术动作的学习，采用的方式常常是大量的多球练习。因此，专门性知觉优先发展是网球运动所特有的教学原则。

（三）个性化原则

网球教学普遍追求的目标是技术动作规范性，节省和实效是技术动作规范化要达到的目的。由于学员在身体条件、柔韧度、力量素质和领悟能力等方面存在个体差异，因而每个人表现出的规范技术动作也存在较大差距。教学的目的是使初学者通过练习形成符合自身条件的技术动作。因此，网球教学应允许学员的动作存在差异性，要在合理的动作基础上遵循技术个体化原则。网球教学应根据对象的不同来选择有针对性的教学方法，并根据学员的不同能力采用不同的方式进行教学。

三、我国网球教学现状

（一）场地少、人数多

我国在校大学生人数众多。对国内高校网球场地的调查显示，校园内拥有 8 片以上网球场地的高校占比不到 40%，总体上讲，高校的生均网球运动设施数量较为缺乏。

学校体育课每班人数基本在 30 人以上，有的可以达到四五十人。网球运动属于学习门槛较高的运动项目，初学者不仅依赖教师或教练的教授，还需要将相关知识付诸实践。因此，网球课堂练习对于网球教学至关重要。而体育课的班级人数过多，一方面使得学生在网球课堂练习中存在安全隐患；另一方面增加了课堂教学的难度，在一定程度上降低了教学效果。

（二）教学方式传统

体育教学的目标之一是让学生在运动过程中享受运动项目带来的乐趣，而传统的教学方式只侧重培养学生的技能，忽略了运动趣味性的本质。由于学生人数众多，教师难以对每一名学生进行详细的指导，既缺乏互动交流也容易磨灭学生的主观积极性；而单调的模仿练习和被动接受容易使学生降低对网球项目的热情，降低教学效果，这种传统的教学方式严重地影响了网球课的教学质量。

（三）理论与实践缺乏融合

理论来源于实践，又指导实践。网球理论是指导网球教学、训练、竞赛的前提。在传统的教学模式中，网球理论只占课时的很少一部分，当然，体育课的课时有限是导致理论课时偏少的重要影响因素之一。如果教师在教学过程中能够应用运动人体解剖学和运动生物力学的原理，并与技术动作学习相结合，就能加深学生对技术动作的理解和掌握。网球是一项高雅运动，学生可以通过学习来了解网球场的礼仪，培养良好的气质。传统教学中缺乏比赛，这也使得学生对网球项目趣味性的体验大打折扣。网球比赛是学习网球技术和战术的最终目的，而且网球比赛

科技助力下的网球教学

具有的独特乐趣和魅力,也是促使网球爱好者能持之以恒的本源力量。

(四)专业网球教师紧缺

网球专业教师人才缺乏,是长期困扰学校网球教学的一个重要问题。多数网球教师并非网球专项毕业或没有网球专业运动的经历,对网球运动缺乏实战经验,对项目本质缺乏深入了解。随着越来越多的体育专业院校和体育专业学生毕业进入高校教师行列,网球专业教师不足的状况有望在未来逐渐得到缓解。

四、网球教学的有效方法

(一)比赛教学方法

在一节课的教学开始之前,教师应明确这节体育课的教学目标。在教师正确示范和充分热身后,学生进行练习。随后,教师可将这个教学班级分成若干小组,分别对小组进行技术动作的纠正和讲解,通过布置练习比赛的竞赛式教学法组织课堂教学。例如,制定小型比赛规则,要求学生分组对抗,通过比赛使学生形成竞争意识,在有趣味性的实战中提高网球兴趣。

(二)多媒体教学

科学技术的进步带动教学手段不断地更新,视频多媒体成为现代化教学工具。观看大量的视频信息资料,并结合讲解相关的理论知识,可使学生在学习的过程中多维度、多角度地了解网球项目特点和网球运动内涵,从而达到正确掌握网球技战术的目的。网络慕课、视频教学是现代教学方式中必不可少的教学手段。通过观看比赛片段,将学生带入比赛的激情时刻,可强化学生学习网球的兴趣。

(三)快易网球教学

对于网球运动来说,其主要特征就是对抗性。因此,网球教学可以采用游戏的形式来进行。快易网球能够促使学生快速进入训练状态。在网球课堂学习中,可使学生通过对打来学习比赛的战术和策略;还可以设置相应的真实比赛场景,使学生在教学中能够积极参与比赛。同时,教师可根据学生的不同特点来对课堂教学进行不同的设计，促使学生将自身的优势充分发挥出来，从而掌握网球运动的基本技能。

五、网球教学的内涵

（一）培养文明、高雅的举止

网球运动中的礼仪规范，使网球运动参与者表现出一种绅士的风度。例如，参赛者在网球比赛中，在对手打出一个非常漂亮的好球得分时，应该由衷地祝贺对手，为对手的好球拍手叫好；而如果自己打出一分幸运球得分，应感到幸运，不应表现得过于兴奋，同时对对手示意抱歉。对于观众来说，观赛期间不可喧哗；在球员发球的时候，不要用闪光灯拍照，不发出声响；现场观赛时，如比赛已经开始，观众应等到球员休息的时候再进场；球员在场上击球过程中，观众不宜走动，等等。

（二）培养公平、公正的素养

网球运动充分体现了公平、公正、公开，主要表现在以下六个方面。

（1）网球比赛常采用信任制进行，即比赛不设司线裁判。在信任制比赛中，发球方球员须在每分开始前呼报比分；若击球出界，靠近网球落点的一方应呼报"out"（出界）。

（2）考虑到风向、光线等客观因素的影响，为保证比赛的公平，球员应在每局结束后交换发球，在每单数局结束后交换比赛场地。

（3）网球比赛开始前，球员通过抽签或抛硬币的方式挑边、决定发球顺序：一方选择场地后，另一方自然获得发球或接发球选择权。

（4）网球是球体，可以向任何方向运动且弹跳规律。在网球运动中，接球、发球等规则使得球员的机会是均等的。

（5）每局网球比赛结束后，球员应交换发球权，因此比赛双方的发球机会均等。

（6）网球比赛规则规定，在比赛双方平分后，连胜两分的一方才为胜方；在无占先平分后，接发球方可选择接球区。

（三）培养谦虚自信、相互尊重的品质

网球运动要求球员尊重对手、尊重裁判，观众尊重双方球员。以球员为例，球员应在比赛中表现出良好的个人风范与气度，在比赛结束后，无论胜负都应与对手和裁判握手，以示祝贺和感谢。在球场上，任何不文明的行为都会受到警告和处罚，例如，踢球、摔拍子、砸东西、语言侮辱对手与裁判、消极比赛等。

（四）培养顽强拼搏、敢于竞争的精神

要适应现代社会激烈的竞争环境，人们须具备顽强拼搏的精神。关于拼搏和竞争，网球运动文化对球员的良好竞争意识和意志品质的培养与现代社会文化对人的高素质要求是契合的。例如，网球比赛无时长限制，业余比赛势均力敌的双方持续较量1个小时甚至更长时间的现象屡见不鲜；平分后须净胜两分才能取得一局的胜利；等等。网球比赛中的激烈竞争不仅是球员之间力量、速度、耐力等身体素质的对抗，还是球员的顽强、拼搏、自信等心理素质的对抗，这充分体现了球员的旺盛斗志和竞争精神。

（五）体现丰富的运动之美

现代网球运动充分体现了球员的形体美、力量美、技术美、艺术美、风格美、服饰美与精神美，也体现了观众的文明礼仪之美，还体现了裁判的公平、公正、公开的执法之美，以及网球运动参与者所营造的和谐运动环境之美。网球运动的运动之美范围广、内涵深。网球运动比赛中，竞争性与观赏性的结合、参与性与文化性的结合，使得网球运动成为一项时尚、典雅、修身的终身体育项目。

第二节　科技手段在网球教学中的应用

科学技术已应用于人们生活的各个方面，科技的高速发展对运动领域也有着深远的影响。网球运动发展历程与科技的发展是密不可分的，在科技高速发展的今天，越来越多的高科技应用促进着网球项目的高速发展。自20世纪50年代开始，各国网球协会对科技的追求持续提升。从四大网球公开赛的全球范围内转播，到国际男子职业网球协会（ATP）和国际女子职业网球协会（WTA）、国际网球联合会（ITF）各级别赛事的传播，科技手段起到了关键的推动作用。

一、体育科技的应用领域

"科学"一词源自拉丁语 scientia（知识）。科学存在于现代社会的各个角落，是人类社会智慧的结晶，涵盖了现代社会一切最新的成果。对科学的理解一般有广义和狭义两种。广义的科学，是社会科学、自然科学等的总称；狭义的科学，专指自然科学，即研究自然界物质形态、结构、性质和运动规律的科学。

"技术"一词来源于希腊语 techne（技巧），其含义包括技能、本领等技艺。技术是人们以科学理论为指导，利用自然和改造自然的方法、技能和手段的总和。

"科学"和"技术"虽然是两个概念，但两者之间相辅相成、密不可分。科学理论指导技术实践，技术又促进科学的发展。

科学技术在体育运动中的应用不胜枚举。例如，短跑运动员的专业跑鞋，重量只有普通跑鞋的1/5，为运动员更好地发挥技术水平起到了巨大作用；通过体育节目转播的高速摄影机，以及鹰眼系统的回放技术，有助于解说员无延迟且准确地讲解体育比赛中的每一个难度动作。可以看出，科技的影响几乎涵盖了体育的所有领域，包括装备器材、场地设施、服装、体育赛事、媒体宣传、体育经济、体育文化，等等。

二、现代科技在网球项目中的运用

(一)网球运动中的信息技术

现代网球技术的快速发展,使得科学技术的运用在运动训练中起到至关重要的作用。例如,多维摄像、摄像连机等信息技术可以分解运动员每一个技术动作环节,帮助其改良和提高网球技术动作,为其探索出适合自己的技术特点提供了技术支撑。男子职业球员诺瓦克·德约科维奇(Novak Djokovic)的发球技术,在2011年温网之后得到改善和提高,正是归功于计算机和分析软件的功劳。他的教练说,德约科维奇发球时的手臂引拍动作不再僵硬,而被他忽视的转肩动作也更加流畅,使得手臂加速度更快,他的发球动作得到了改善。高速摄像机和计算机分析帮助他赢得了多场职业比赛的胜利,创造了非凡的成就。现代信息网络技术可实现高速视频传输和视频通话,对网球运动具有科学指导作用。如果教练员和球员没有同时参赛,可以通过视频方式进行比赛期间的交流指导;康复师可以远程为球员开具运动处方。在当今国际职业网坛比赛中,信息技术下的科技手段已经被国际网坛各个协会的各级赛事采用。比如,裁判员的计分器材不再是笔和纸,而是被电子设备代替;每场比赛结束后,球员可以在第一时间获取本场比赛的技术分析数据。

(二)网球运动中的新材料科技

网球、球拍等专业器材,以及网球场馆的建设都广泛地运用了新科技材料。网络的高速传输早已把电脑、电视、手机终端等信息载体进行互联。这些新科技在网球运动中发挥着极其重要的作用。例如,早期的网球橡胶内胆由两个半球构成,内胆外面缝制法兰绒,随着科技的进步,现代网球的外层被高新材料替代;原来制作网球所采用的人工缝制技术也早已被橡胶硫化技术所替代,网球外层已经没有缝线的痕迹。此外,随着新材料越来越多的运用,网球拍的重量进一步减轻、硬度增强、减震效果变好、弹性变大。

(三)网球运动中的生物技术

生物科学技术也对网球运动产生了巨大影响。网球运动员的生物学特征是科研人员着重研究的领域，生物芯片能够监测网球运动员身体状态的一系列相关信息，通过实时监测可以更加科学有效地控制网球运动员的训练强度和恢复时间。研究表明，人体的生物特征可以对运动员选材提供科学的指引。例如，通过对运动员指纹的观察进行分析发现：指纹图案简单、线条少，代表力量大、相对耐力和协调性差；相反，指纹图案复杂、线条多，则代表耐力和协调性好、力量小。生物技术可以应用在球员高强度训练或比赛后，通过物理手段进行机能恢复，这种理疗手段早已被广泛使用，且与我国中医深度结合，可为训练提供医疗保障。

（四）网球运动中的科学管理制度

科学的管理制度对促进网球运动的快速发展起着重要的作用，尤其在网球赛事管理体系的研发、网球场馆的运营、网球教练员团队的管理、网球运动员的伤病处置机制、网球运动员的康复管理等方面至关重要。由于网球属于较为完善的职业化运动项目，网球运动的科学管理制度可供其他运动项目职业化发展以借鉴。

第三节　科技在网球教学中的作用

科学技术的进步促进体育运动的变革。无论专业训练、校园体育，还是大众健身，各体育领域都充满了科技色彩。科技的突飞猛进创造出了各种新的运动器材和装备，科技的创新对网球技战术的影响深远。例如，运动手环和智能手表让运动中的实时监测得以实现，运动者或监控者可以通过手机或电脑终端随时观察运动者的身体状态，从而维持其良好的运动强度；先进数码摄影器材，可以在运动中多角度拍摄4K高清视频，用来分析技术动作；比赛中，使用鹰眼系统可以实时回放有争议的场面或错过的精彩瞬间；发达的网络使人们可以实时了解比赛进度。所以，科技的进步可以让专业训练更加科学、合理；而将体育教学与科技手段有机融合，可以让大众健身体验感更加舒适。

智能运动手表、手环是近年非常流行的智能穿戴设备之一。智能手表和智能健身手环具备测量人体的各项指标的功能，如运动时长、心率、体温、运动强度、压力、血氧饱和度等，其在一定程度上为人们科学健身提供了数据支撑。此外，智能设备还有指南针、导航仪、通信通话、电子支付等多种功能，不仅为人们的工作、生活提供便利，还能提升运动体验感。

一、智能穿戴设备的功能

（一）健身记录

通过简洁的图表，健身记录可以展现人体的日常运动量：可以用环形显示数据，也可以用柱状图显示需要知道的数据；可以显示消耗的热量、完成运动所用的频率，以及完成锻炼所用的时间。

（二）实时数据记录

无论在室内或室外进行常见的有氧运动或者体能训练时，智能穿戴设备都可以记录用时、运动距离、实时速度、热量消耗等数据。在训练结束以后，它会将运动的情况进行汇总并形成详细数据，同时存储至运动手表、手环内。

（三）帮助制定运动目标

智能运动手表和运动手环还会根据各种项目类型记录不同的数据信息。人们可以设定训练目标，进行重复训练或者增加、减少运动量，也可以根据不同运动设定训练目标，从而控制时间的长短和能量消耗的多少。

在完成设定训练量时，智能手表或运动手环的系统会给予运动者提示与鼓励，以震动或显示形式让佩戴者增强运动的信心并提高完成度。

（四）追踪进度

每次训练结束后，运动者可以在设备上查看运动完成的时间、消耗的能量、完成的距离、身体恢复的时间等数据，这将帮助运动者回顾每次训练的内容和强度，以达到最佳锻炼效果，为下一步练习奠定基础。

二、智能穿戴设备的辅助教学

智能穿戴设备已经开始应用于体育教学，其辅助体育教学的监测数据主要有三方面。

（一）运动距离和频率

智能运动手表、运动手环可以在体育课上记录学生的运动距离和运动频率，能够帮助体育教师科学地监测学生在整堂课中的活跃度，掌握学生课内的运动量，从而合理地调整训练任务，并根据实时的数据监测设置更精准的课程安排。

（二）心率

智能运动手表、运动手环可以实时监测学生的心率，帮助教师掌握学生的运动强度。传统体育课堂上，教师通过观察学生的呼吸、表情变化或事后测量学生的脉搏来粗略了解学生的运动强度。这种观察法主要依靠教师的个人经验，且事后测量学生的心率无法获得运动中的实时数据，而智能运动手表、运动手环则可以相对准确地实时记录学生个人的心率。教师根据这些数据，可以更精确地掌握学生的运动强度，对课程安排及时做出调整。

（三）体温

智能运动手表、运动手环可以监测学生的体温。这项功能可以帮助教师了解学生的活动状态，包括是否充分热身、能否提高训练强度等等。准备活动是运动开始前必不可少的程序，由于学生的体能储备存在个体差异，教师可以通过智能穿戴设备的实时监测，了解学生的身体是否进入运动最佳状态。

智能穿戴设备虽然具备一些实用的运动状态数据的监测功能，但以监测体能类、跑步类项目为主。随着科技的进步，希冀这些设备能够在不久的将来为更多的球类运动提供更为专业的运动状态指标监测数据，从而更好地促进科学健身。

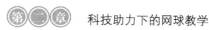

三、高清摄像技术"鹰眼"的基本介绍

科技的进步推动时代的进步。在现代网球竞赛越来越激烈的趋势下,鹰眼技术应运而生。鹰眼技术解决了网球比赛中人为因素导致的裁判误判问题,避免了因误判影响球员状态从而影响比赛结果的情况。无论是职业比赛还是业余比赛,关键时刻的回球是否出界可以决定比赛的胜负。如今,有大量职业比赛使用了鹰眼技术。这不仅为公平竞赛营造了良好的环境,还为电视和网络转播提供了更好的观赛效果。这项技术正逐渐应用于低级别的比赛和大学校园,这项技术也开始影响球员的日常训练与学校的教学。如何更好地使用这一技术为网球运动服务,是科研工作者需要研究的课题。

(一)鹰眼技术助力网球运动

1. 鹰眼技术的基本原理

鹰眼技术是即时回放系统,是通过多台高清摄像机同时在多个角度对运动画面连续拍摄,应用图像处理软件采取3D技术对球定位模拟成像,呈现球在虚拟场地中的运动轨迹。鹰眼技术早期一直在网球职业比赛中采用,之后被推广到了多种运动项目中使用。

2. 鹰眼技术的价值及作用

鹰眼技术保证了比赛的公平、公正,因此在网球赛事中被广泛应用,备受球员和观众的好评。裁判判罚的准确与否是影响比赛走向及最终结果的重要因素,鹰眼系统对裁判起到了监督的作用,避免了球员与裁判在某一判罚上发生争执。鹰眼技术也为球员提供每场比赛的技术统计,比如第一发球或第二发球的落点区域,以及接发球的落点区域。而且这种技术统计的回放,还可以让观众实时了解比赛双方球员的技术对比。

(二)鹰眼技术的缺点

鹰眼技术在比赛中应用的优势显而易见。在训练中使用鹰眼技术同样能为球员和教练员提供相关参考数据。因此,鹰眼系统的使用需求旺盛。但与此同时,影响鹰眼技术广泛使用的不利因素——价格昂贵也暴露了。由于鹰眼系统的价格高居不下，阻碍了其推广普及。在一些大型比赛中，主办方甚至需要通过租借的方式来使用该系统。因此，价格仍是鹰眼系统被广泛使用的瓶颈。

（三）鹰眼技术在训练教学中的应用

鹰眼技术不仅在比赛中发挥着重要作用，而且能使训练和教学事半功倍。

1. 强化训练教学效果

网球训练或教学时，可以通过即时回放系统将击球动作反馈给教练员和球员。根据回放，教练员可以针对击球者的动作给予适当的指导，并提出更有针对性的训练方式。

2. 培养球员良好的击球习惯

高速摄影机对每一次击球实时监控，可以让练习者在训练时提高注意力以确保每一次击球的质量，培养练习者精益求精的良好习惯。

3. 调节心理状态

鹰眼技术对心理训练也起着辅助作用。击球者需要了解自己每次击球的心理状态，而鹰眼技术的回放可以让击球者对照自己不同心态时击球的落点和质量，对培养球员的自我调节能力起着积极的作用。

四、科技对网球文化的传播作用

随着信息技术的快速发展，网络已经是现代人们生活不可或缺的重要部分。智能手机、5G技术、新媒体的出现，大大降低了信息流通的成本，使数字影像、音频、图片、文字通过现代信息技术得以更加流畅地传播。通过网络和手机，人们可以实时观看包括四大网球公开赛在内的国际赛事转播。网球爱好者只要有一部手机就可以全方位地了解这项运动的最新资讯。球员比赛也可以通过网络来了解赛事的信息、对手的情况，打开手机应用软件（App）了解比赛进程、签位顺序。科技的发展已将网球传播途径进一步拓宽，这将使更多民众成为网球运动的爱好者。

第三章　科技助力下的网球训练分析

第一节　网球训练的基本理论

随着现代体育运动的发展及运动水平的快速提升，网球运动已发展到了较高的水平，比赛竞争也越来越激烈。这就促使运动员或运动队进行更为科学化的运动训练，以提高自身运动水平，从而使自身各方面素质得到全面、均衡的发展，进而提高自身综合竞争实力，以取得优秀运动成绩。网球训练同样需要以理论作为指导和基础，以确保训练的系统化、科学化。

一、网球运动的生物学原理

（一）机体适应原理

自然界中，有生命的物体都对外界环境有着较强的适应能力，并凭借这种适应能力得以生存和繁衍。为了验证机体的适应能力，科学家曾对含羞草做了相关研究，研究证明，含羞草在负荷强度不断加大的训练中，其收缩能力能够增加 400 倍。作为大自然中的一员，人类也有着较强的适应能力。例如，如果人长期坚持从事体育锻炼，人的有机体为了适应某种运动的需要，则会出现参加工作的肌肉体积加大、力量增强、心肌变厚、脉搏次数减少、肺活量加大、血压下降等变化。这些都是人体本身特有的适应环境的能力。

一般情况下，人体的适应能力是有一定限度的。在限度范围内，通过外界刺激物的作用，人体内部会引起一系列的变化，从而使机体更好地适应外界环境而生存下去。在现代网球运动中，球员进行网球运动训练，机体的变化和完成活动的种类与特点有着密切的联系。长期从事网球运动训练，可以改进心血管和呼吸系统的功能，提高耐久力和培养顽强的意志。其中，网球技术练习可以提高人体肌肉的爆发力，击球练习可以提高人的敏捷性和反应力。

（二）新陈代谢原理

机体工作的基本特征之一是新陈代谢。新陈代谢是指人的有机体通过与周围环境不断地进行物质与能量交换，从而实现自我更新的过程，它是物质代谢和能量代谢的总和，包括同化作用和异化作用两个过程，并且这两个过程既相互对立，又相互联系。同化作用是指人的有机体从周围环境中摄取物质合成自身成分，并贮存能量的过程。异化作用是有机体分解自身成分释放能量产生代谢物质的过程。运动可提高细胞内的酶的活性，加速物质代谢过程。① 所以进行网球训练可以促进机体新陈代谢，进而增强身体素质。

（三）能量代谢原理

人体在物质代谢过程中，能量释放、储存和利用的过程就是能量代谢。有机体的一切生命活动均需要消耗能量，人体内的糖、脂肪和蛋白质都可以通过生物氧化释放能量，而且所释放的大部分能量是以热的形式释放于体外的。在现代网球运动中，训练强度越大、运动时间越长、能量消耗越多，人体所需要补充的营养物质也就越多。

现代网球运动训练，球员有机体能量的供应主要依靠人体的三种能量供应系统，包括磷酸原系统、糖酵解系统和有氧氧化系统。但在网球运动训练中，由于动作强度、持续时间等不同，这三种能量供应系统所发挥的作用也不相同。其中，磷酸原系统适合短时间内的快速供能，比如底线连续大范围跑动防守击球；糖酵解系统是机体在缺氧的状态下主要的能量来源；有氧氧化系统是在长时间网球比赛中提供耐力的主要供

---

① 参见肖祖亮《大学体育与教育价值之研究》，华南师范大学硕士学位论文，2012年。

能系统。[1]

二、网球运动肌肉工作原理

(一) 肌肉的成分和工作原理

肌组织和结缔组织是人体肌肉主要的组成成分。肌组织构成肌肉的收缩成分,结缔组织构成肌肉的弹性成分。作为肌肉的收缩成分,肌组织能够通过肌纤维的主动收缩和放松,对骨产生牵拉力,从而实现各种运动。结缔组织作为肌肉中的弹性成分,称并联(或平行)弹性成分或串联弹性成分。

当肌肉中的收缩成分缩短时,弹性成分被拉长,并将前者释放的部分能量吸收和储存起来,然后再以弹性反作用力的形式发挥出来,以促使肌肉产生更强大的力量和更快的运动速度。在网球击球动作中,训练者会不断使用肌肉的弹性成分完成动作。

1. 人体肌肉的结构

人体各种运动的实现是建立在身体的运动系统基础之上的。人体的骨骼、肌肉和关节共同构成了人体的运动系统。其中,肌肉的基本组成单位是肌纤维,由许多肌纤维排列成肌束,表面有肌束膜包裹,许多肌束聚集在一起构成一块肌肉。肌肉由蛋白质、能量物质、酶、丰富的毛细血管和神经等化学成分组成。

2. 肌肉的收缩形式

人体通过肌肉收缩来完成各种复杂的动作,这是由肌肉收缩的多样性特征所决定的。常见的肌肉收缩形式有三种。

(1) 向心收缩是肌肉起止点相互靠近,它是肌肉长度缩短的收缩形式。例如,网球运动中进行力量素质训练时,利用哑铃、沙袋、拉力器等器材锻炼肌肉均属于向心收缩。使用这一种类的运动练习器械锻炼力量的效果比一般向心练习方法要好。

(2) 等长收缩是指当肌肉收缩产生的张力与外力相等或是维持身

---

[1] 参见王璐《AMPK 调节小鼠耐力变化的机制研究》,北京体育大学硕士学位论文,2016 年。

体某一姿势时，肌纤维积极收缩，但肌肉的总长度没有变化。当肌肉处于等长收缩时，从整块肌肉的外观来看，肌肉长度并没有发生变化，但实际上肌肉的收缩成分是处在收缩中而使用弹性成分拉伸，从而使整块肌肉长度保持不变。例如，网球截击动作短促的挥拍就是手臂部分肌肉的等长收缩。

（3）超等长收缩是肌肉先进性离心收缩后，紧接着进行向心收缩的形式。例如，网球训练中，跳起落地后紧接着再向上跳的专项步法或腿部力量练习，此时股四头肌先在落地时离心收缩，紧接着又立刻猛烈向上跳起，这种练习方法对肌肉的锻炼效果较好。

（二）运动技能形成原理

网球运动技能，就是网球运动的动作技能，是指网球运动员掌握、运用及有效地完成专门动作的能力，又指掌握网球运动专门技术动作的能力，或指按一定技术要求完成动作的能力，或在特殊条件下掌握足够好的技术动作的本领。

从生理学的角度看，运动技能是根据条件反射机制建成的，它是运动反射的新形式，并在运动技能形成的过程中，产生和巩固着条件反射的体系。生理学家巴甫洛夫把这些条件反射体系称为"动力定型"。动力定型的不断改进和完善是形成运动技能的基础。在初学阶段，将动作做得正确、协调，才能完成运动技能建立。另外，各种运动技能之间也存在着相互联系、相互促进、相互影响的关系。

在建立运动技能的过程中，由于动作的多次重复，使得形成这些动作的条件反射可以在大脑皮层的降低兴奋区内进行。也就是说，与这些条件反射有联系的动作，可以在无意识的情况下自动地进行。这就是达到了通常所说的动作自动化阶段。

动作自动化主要有以下三个方面特点。

（1）保持动作稳定。在动作自动化形成以后，动作技能具有很强的稳定性，特别是在比赛的复杂条件下，动作自动化非常固定，甚至在外界刺激的影响下，动作技能也不会遭到破坏。

（2）减少能量消耗，节省体力。动作自动化形成以后，由于不需要有意识的控制，身体就能自动地进行，这对减少精神专注度的消耗具有很大的意义。

（3）充分发挥球员的意志力。由于动作自动化可以使球员在无意识的条件下完成动作，球员就可以将注意力集中到战术上去。这往往是高水平球员能获得比赛胜利的原因。

在网球运动训练中，应把改进技术训练和战术训练很好地结合起来，这样才能获得到运动技能的提升。

（三）超量恢复原理

在运动中超量恢复，是指人体在运动后的恢复过程中，被消耗的能量物质［包括ATP（三磷酸腺苷）、蛋白质、糖和无机盐等］在运动后一段时间不仅可以恢复到原来的水平，甚至会超过原来的水平（图3-1）。

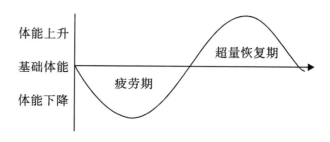

图3-1 超量恢复过程示意

运动使机体体能经历运动过程中身体各器官工作能力的下降阶段、运动后机体工作恢复阶段和机体能力超量恢复阶段被称为"超量恢复"。网球运动训练同样遵循"消耗—恢复—超量恢复"的规律，体能的状态沿着这一曲线进行。经过一段时间训练后的机体适应，从而达到提升身体素质的效果。

为了使运动员获得最佳训练效果，在整个网球训练过程中，应做到以下两点：第一，在网球训练进行时，球员身体必须要承受一定的生理负荷，产生一定的身体疲劳，才能达到目的，即要对机体产生足够的刺激从而达到超量恢复的效果；第二，在网球训练结束后，球员必须有合理的恢复与休息，这是产生超量恢复的前提条件，过度疲劳会对机体产生不利的影响。

(四) 负荷强度原理

根据超量恢复的原理,在现代网球运动训练中,球员身体只有在承受一定负荷刺激的情况下,才能产生相对应的反应,对球员身体刺激的大小与身体的应激反应成正比。因此,要根据球员身体应激反应大小制定运动负荷,即遵循负荷的强度原则。也就是说,机体的适应性反应取决于运动负荷强度(刺激程度),即运动负荷强度越大,球员有机体的适应性反应就越明显。

据此,我们可以总结出四种负荷模式:一是低强度负荷,该负荷模式对机体产生的超量恢复的效果小;二是中等强度负荷,该负荷模式比低强度负荷模式对机体的刺激略大,机体能获得足够的刺激但处于可承受范围;三是高强度负荷,该负荷模式比中等强度负荷模式的刺激大,机体可以获得理想的超量恢复效果;四是过度负荷,该负荷模式的刺激超过大强度负荷模式,机体难以超量恢复。

所以,在一定的训练强度范围内增大机体的运动负荷,机体所产生的超量恢复的效果越大,机体的适应性变化就越大;降低机体的运动负荷,则引起机体的适应性变化效果也越小。在安排网球运动训练的负荷时,我们还应注意以下两点。第一,合理地安排运动负荷。过低的负荷对运动员身体的刺激不够,但也不能采用过高的运动负荷。如果超过了运动员自身极限,则身体的应激反应不会因此提高反而降低。第二,克服"惯性负荷"。假如在网球训练中,总是采用相同的负荷对机体施加影响,而没有考虑机体适应能力已经变强,那么机体会对这种负荷逐渐"习惯",使机体所接受的负荷刺激减小,则所产生的适应性变化减小,增强体质的效果也会有所减弱。因此,必须有计划地改变训练负荷,有针对性地增加负荷,以克服这种现象对锻炼效果的影响。

(五) 个体化原理

在现代网球运动中,作为独立的个体,每位球员都应根据个人的习惯、爱好和个性,来选择适合自己的训练内容和方式。从肌肉、神经刺激和应激程度来看,同样的训练方法对不同的人来说,所获得的效果是不同的。也就是说,对别人有效的训练内容,对自己不一定起作用。因此,在进行网球训练时,应遵循个体化原理,选择适合自己的训练内容和方式方法以达到最佳的训练效果。

遵循个体化原理，慢热型球员应增加训练前的准备活动时长和比赛频次，以确保在训练时或比赛时达到较好的个人运动状态；敏感型球员虽然能够快速进入运动状态，但由于无法长久保持良好运动状态，因而应加强对专注度的耐久性练习。

三、网球运动科学化训练理论

网球运动训练是建立在多学科理论基础之上的，这些学科包括生理学、心理学、运动学、营养学、运动解剖学、运动生物化学、运动生物力学等。下面主要就网球运动训练的生理学和心理学学科理论基础展开论述。

（一）网球运动生理学基础

1. 影响网球运动训练的生理学因素

第一，物质代谢。人体从食物中摄取各种营养物质，经血液循环输送到人体各器官，通过相应的代谢为人体提供能量。糖、脂肪和蛋白质等营养物质经消化被人体吸收。人体的组织、细胞一方面通过合成、代谢构建和更新自身储存的能源物质，另一方面通过分解代谢（氧化分解）以产生能量。

第二，糖类代谢。食物中的葡萄糖经消化吸收后，营养物质汇集于静脉，经肝脏进入血液循环系统。营养物质进入血液后，被运到各组织合成为糖原和含糖化合物，其中主要部分经肝脏合成肝糖原并进行储存，一部分转变为脂肪和氨基酸，血液中保留的一部分糖称为"血糖"；另一部分直接供组织氧化利用放出能量，同时产生 CO_2（二氧化碳）和 H_2O（水）并排出体外。糖的氧化分解是供应人体活动所需能量的主要来源，全身各组织都能进行这一反应。[①] 从本质上讲，糖的氧化分解主要包括无氧分解和有氧氧化两种方式。

2. 网球运动训练对糖代谢的影响

第一，肌糖原储备与运动能力。球员在参加网球运动训练的过程中

---

① 参见王瑞元、苏全生主编《运动生理学》，人民教育出版社2012年版。

会消耗掉大量的能量，有时会因过度训练而引起运动性疲劳，因此在进行网球运动训练时应注意糖分的补充。在网球训练前、中、后期都要进行能量的补充，可饮用专业运动饮料，可食用香蕉或能量棒来补充身体所需要的糖原。

第二，血糖浓度与运动能力。球员在进行短时间的剧烈运动时，体内血糖浓度会逐步增高；而当进行网球这种长时间负荷的运动时，体内的血糖浓度会降低。因此，如果不能及时补充能量，就会加速疲劳的产生，影响运动能力的发挥，降低训练质量。

3. 网球运动训练对脂肪代谢的影响

人体中储存的脂肪，在运动时可以产生一定的能量，但脂肪的代谢较慢，只有在进行长时间运动才是由脂肪提供能量，而短时剧烈运动时的脂肪分解受到抑制。网球运动不仅能够提高人体利用脂肪酸氧化供能的能力，还能对改善血脂、减少人体脂肪积累产生积极的作用。

4. 网球运动训练对蛋白质代谢的影响

网球运动训练对蛋白质代谢的影响主要体现在两个方面：一方面，机体在运动时，蛋白质可提供一部分能量，故其可促进蛋白质代谢；另一方面，网球运动训练导致骨骼肌蛋白质合成增加，从而使人体相应部位的肌肉变得强大。

（二）网球运动训练对生理健康的影响

1. 网球运动对心血管系统的影响

从生理学的角度来说，血液不断地循环进行物质交换而维持着人体的生命活动。因此，心血管系统对维持人体存活至关重要。现代网球运动训练对心血管系统有积极的保护作用，主要表现在以下三个方面。

第一，提高血液循环，防治心血管疾病。一般情况下，正常人的血液总量只占体重的8%，而经常参加网球运动训练的人血液总量约占体重的10%，且血液的重新分配机能加快。这就保证了人体在承受较大的生理负荷时，经过神经系统的调节，动员了大量血液保证肌肉活动的能量供给。经常参加网球运动训练可使动静脉血管壁弹性提高，血管直径增大，血液流动通畅，使毛细血管开放从而改善血液微循环。锻炼可以促进新陈代谢，增加脂肪消耗，防止动脉硬化，防止形成血栓。所以，经常从事网球运动的人患心血管疾病的概率比普通人低。

第二，改善心肺功能。经常参加网球运动训练者的心肌肌红蛋白含量增加，心肌组织代谢能力加强，供血量增加，心肌纤维变粗，心脏的重量和大小增加。运动员的心脏搏动有力，外观上比普通人大，正是由于其心壁更厚、腔室更大，心脏的容血量更多、功能更强。一般人的心容量为 765～785 毫升，而经常参加网球运动训练的人，其心容量可达到 1015～1027 毫升，每分钟输出量和每搏输出量也均有增加。

第三，提高免疫功能。经常参加网球运动训练的人总血液量增加，血液中红细胞增多，可达每立方毫米 600 万～700 万个。这是因为运动能够改善人体骨髓的造血机能。

2. 网球运动对呼吸系统的影响

第一，提高呼吸系统的机能水平。经实验研究显示，经常进行网球运动训练，肺活量增大会使机体的呼吸频率相对减少，呼吸力量增强深度更大，肺泡弹性增大，肺活量和肺通气量的指标明显增大。

第二，促进呼吸器官结构的改变。参与网球运动时，人体对氧的需求量增加，呼吸的深度加大，经常锻炼就会提高呼吸效率，肺泡发育得更加有弹性，更多地参与气体交换。经常参加网球运动训练的人，其胸围一般要比同年龄人的胸围长 3～5 厘米。

3. 网球运动对运动系统的影响

运动必须通过运动系统的参与来实现。人体运动系统由 206 块骨骼、400 多块肌肉和关节等组成。网球运动训练可以让运动系统产生良好的适应性变化。

第一，促进肌肉强度增加。进行网球运动训练时，全身肌肉都会参与跑动和击球。因此，经常进行网球运动可以反复刺激肌肉收缩，速度、灵活性和肌肉耐力逐渐提高，从而增强肌肉的弹性和韧性。

第二，提高关节的柔韧性和灵活性。长期坚持参与网球运动训练，可以增加关节面软骨和骨密度的厚度；针对性的专项训练也可让关节周围的肌肉发达、力量增强、关节囊和韧带增厚，加强关节的稳定性和抗压能力。在提高关节灵活性后，还可以大幅减少关节受伤的概率。

第三，强化骨结构，提高骨性能。进行网球运动训练时，反复奔跑、急停急转、牵拉和压迫会使骨骼承受一定的力量刺激，球员身体新陈代谢增强、血液循环加快，也会令骨结构和性能发生变化，增加骨密度、增强骨质，而软骨增生对青少年阶段身高增长具有促进作用。

4. 网球运动对神经系统的影响

神经系统在机体中的作用是控制、支配和调节。它促使身体中执行各项功能的不同器官协调起来，成为统一的整体，以适应身体内外环境的变化。经常参加网球运动训练可以有效地改善和调节神经系统的功能。

第一，提高神经系统的反应能力和灵活性。为了适应网球运动训练的需要，神经系统快速协调身体各器官和系统的功能。在打网球的过程中，很多动作是手臂和下肢不协调地进行的，因而需要上、下肢协调配合，还需要观察对手动作，提前判断来球方向落点，提前移动，调整身体姿态，从容击球。所以，经常从事网球运动训练可以调节身体的协调性、灵敏性，提高神经对身体的支配能力。

第二，提高人体对环境的适应能力和免疫能力。经常参加网球运动训练的人的血管收缩反应性、基础代谢率等都会得到较大的改善，体温调节能力加强，对气候的变化反应灵敏，在受到环境温度变化时能够迅速保护和防御，以免机体受到伤害。

第三，提高大脑皮层神经细胞的耐受性。在进行网球运动训练时，人的血液循环加快、大脑供血量增多，会加快消除脑神经疲劳，提高大脑抗疲劳的能力，维持甚至增强其应激能力，这样可以增强大脑的活力，从而有效地延缓脑细胞的衰老并提高大脑的工作时长。

（三）网球运动训练对心理健康的影响

1. 网球运动训练改善情绪状态的控制

网球运动是一项对心理素质要求极高的项目。该运动的特质使网球运动员在比赛中会发生心理波动，而如何控制心理变化波动，对参与网球比赛的人来说是极大的考验。排除客观因素的影响是网球运动员在比赛中重要的心理调节能力。网球运动有助于运动员控制调节心理波动，使不良情绪得到改善。在现代社会高强度、快节奏、竞争激烈的环境中，心理的负面情绪会影响个人的生活质量，而网球训练能够促进运动者调整心理变化、面对不良情绪，长期从事网球训练者具备较强的心理调节能力。

2. 网球运动训练提高意志品质的培养

网球运动是一项需要不断挑战自我、挑战对手的竞技项目，面对技术水平高于自己的对手要敢于拼搏，面对弱于自己的对手不能掉以轻心。拥有坚定的意志、面对困难的决心是网球选手必须具备的品质。提高网球技术过程中，需要反复练习，不断面对失败，磨炼韧性，锤炼顽强的精神。经常参加网球运动训练能够帮助人们克服一定的困难和障碍，是培养人的意志品质的重要途径。

3. 网球运动训练促进认识能力的提高

在进行网球训练时，人们需要对外界物体做出快速的判断，同时需要协调身体完成击球动作，需要不断地做出选择，决定回击球的方向和落点。在长期的网球训练中，人们会不自觉地提高人体感官、知觉和判断力，从而让身体更加灵活、感观更加敏锐。

第二节 网球训练基本技战术

一、网球技术的概念与特征

技战术是网球运动的重要组成部分。网球运动员要想提高自己的网球水平，获得比赛的胜利，就必须深刻掌握网球技战术的基本理论知识，了解网球技战术的发展现状与趋势，从而有针对性地进行技战术训练，提高自身的竞技能力。与其他运动项目不同，网球运动技战术的基本原理有着鲜明的特色，本章将对基本战术进行研究与分析。

无论是网球专业运动员，还是网球爱好者，学习和掌握网球运动的基本知识、了解网球技术的基本原理都是非常有必要的。因为这能帮助人们更深刻地理解网球运动，从而在日常的运动训练中展开更加有针对性的训练，提升自己的技能水平。

（一）网球技术的概念

网球技术是指遵循网球运动的基本规则和原理，合理运用的击球动作和步法移动的总称。一般来说，网球的基本技术可以概括为两种——有球技术和无球技术。有球技术是指直接使用球拍接触球的技术，包括发球、接发球、底线上旋击球、底线下旋击球、截击球、高压球等技术；无球技术则包括握拍姿势、准备姿势、跑动、跳跃、急停急转等移动步法。

网球技术主要由上体对球拍、球的控制动作和下肢移动步法组成。在网球运动中，球员保持身体与球合理位置关系的前提就是步法的精准到位，快速灵活的步法能为手法的运用创造更好的条件与机会，而击球技术可以与步法互相弥补。步法是网球运动的灵魂。

（二）网球技术的特征

网球技术有很多种，且各有特点。总体而言，网球技术的特点主要体现在以下两个方面。

1. 稳定性特征

网球比赛规则规定，对方每一次的合理击球后，己方必须击球越过球网并落入对方场地内。这一过程不出现失误就是击球的稳定性。击球稳定性是网球的技术特征。要保证技术稳定性，需要网球选手反复练习挥拍击球动作以提高专项技术水平，以保持稳定的动作、合理的步法移动、准确的预判。

2. 进攻性特征

网球比赛中，通过各种进攻手段将球合理击到对方场地直接得分或是给对方造成一定的威胁迫使对方失误而得分，即进攻性。进攻性也是网球技术的特征之一。网球选手提高击球的进攻性，必须建立在击球的稳定性基础之上，然后再加大技术的攻击性；如果单方面追求击球的攻击性就必然容易出现失误。在网球比赛中，进攻球往往更容易逼迫对方失误而得分或者使自己处于主动局面。网球进攻球的技术要求较高，网球选手需要经过充分的练习才可以运用得当。

二、网球击球的基本原理

网球击球技术包括腿部发力、蹬地转动、髋关节带动腰部上身转动、上体转动、挥拍击球、随挥收拍、还原准备等多个环节。网球的击球技术比较复杂，根据不同来球需要用不同的技术动作进行回击。网球技术动作有底线技术、网前技术、发球技术、接发球技术。底线技术包括正手上旋球、正手下旋球、反手上旋球、反手下旋球、放小球；网前技术包括正手截击、反手截击、正手反弹球、反手反弹球、高压球、网前放小球。击球方式不同，击球的弧线、力量、速度、旋转和落点等也各不相同。各项击球技术的基本原理包括以下八个方面。

（一）击球技术的动作结构

在网球运动中，不同的击球动作和方法在击球动作结构方面有着共同的规律。每一次击球，从开始挥拍到结束挥拍，都主要由准备姿势、侧身向后引拍、向前挥拍与触球、随挥与还原准备几个部分组成。这几个动作紧密联系在一起共同形成一个整体，球员在训练和比赛的过程中必须保持击球动作的完整和连贯性。

1. 底线击球准备姿势

球员面朝球网，站在底线后，双脚开立比肩膀略宽，膝盖稍屈，身体重心放在前脚掌，前脚掌着地，后脚跟提起，抬头面朝前方，腰背挺直，上身略微前倾保持身体平衡，右手持拍，左手扶住球拍分叉部，双手自然放在胸前，拍头朝向正前方，手腕低于拍头。同时，双脚不停跳动，以保持身体重心可以随时向任意方向启动。

在网球的准备姿势中，非持拍手扶拍具有一定的意义和作用，这主要表现在三点：一是能有效扶住并稳定球拍，以减轻持拍手的腕部负担；二是能起到将球拍引至身体一侧的辅助作用；三是运动员可随时调整正、反手握法，保持身体平衡，随时发力击球。

2. 向后引拍

引拍是击球前球拍后摆的蓄力动作。网球引拍动作有从上向下、从下向上和直线引拍三种引拍路线。每一种引拍路线的选择都是根据球员自己的击球习惯，或根据来球的情况而定的，并不是一成不变的。在网球运动中，球员在做向后引拍动作时，需要注意以下三点。

第一，非持拍手辅助向后引拍，持拍手做向后引拍动作时除握拍需要用力外，其他身体部位应保持一定的放松状态，做到轻松、协调。这样可为向前挥拍击球提供充分的准备条件，有利于获得最大的击球力量和理想的击球效果。

第二，在引拍时，球员应在侧身的同时将球拍后引，但是要控制引拍幅度。如引拍超过身体平面就是过度引拍，这会增大挥拍幅度从而影响挥拍速度。

第三，引拍的幅度大小应根据来球的情况灵活处理。

3. 向前挥拍与触球

向前挥拍是在引拍后向前挥拍迎击来球的动作。在向前挥拍时，转体带动手臂向前向上或向前向下挥拍。自下向前向上的动作会使击球产生上旋，自上向前向下的动作会使击球产生下旋。拍面接触球时应握紧球拍，以保证击球动作的稳定。整个前挥过程中拍面的朝向是击出不同类型和线路球的关键点，拍面接触球时的方向决定击球的路线。

触球是前挥过程中产生的动作。击打对方来球，需要控制拍面保持稳定，这是因为球拍角度的变化会影响触球后球的飞行方向、力量、旋转和落点。为避免球拍在触球时晃动，在击球前眼睛必须盯住来球，紧紧锁定球的飞行路线，判断好速度、飞越球网的高度以及球的落点，及时移动到位。击球者对来球观察得越清楚、判断准确，就越有可能使用拍面的甜点区稳定准确击球。因此，在一次完美的回击球过程中，前挥的节奏和触球的位置尤为关键。

4. 随挥与还原

随挥是指在完成引拍前挥触球动作后球拍继续挥动的动作。良好的随挥动作不仅可以增加击球的稳定性，还可以增加击球的力量。在网球运动中，随挥动作是一次完整击球动作的一部分，是不可或缺的，所以球员在每一次击球后必须完成随挥。

还原是指球员在随挥动作完成后，手臂和球拍顺势回到准备姿势的动作。击球后及时还原，有助于为下次击球做好充足的准备。

击球时的随挥动作和还原动作是紧密联系在一起的。网球比赛中，球员在做随挥和还原动作时，应注意步法的移动，以保证在正确的击球点上击球。只有移动到位，球员才能击出有力且落点准确的球。

（二）击球部位与拍面角度

1. 击球部位

在击球的过程中，球拍与球接触的位置决定球的飞行轨迹。简单的方法是可以将球看作一个时钟，球拍接触不同的钟点位置击出的球的飞行轨迹与旋转都会不同。另外，击球时拍面角度不同，触球的部位也会有所不同。击球时，正确选择拍与球的撞击部位和角度是控制球落点的关键。

2. 拍面角度

击球的瞬间球拍拍面与地面形成的夹角叫拍面角度。击球时，拍面的常见角度有七种。

（1）拍面垂直，是指拍面与地面的角度为90度，击球部位为中部。

（2）拍面下压，是指拍面与地面的角度接近并小于90度，击球部位为中上部偏中部位。

（3）拍面下压，是指拍面与地面的角度小于90度，击球部位为中上部偏上部位。

（4）拍面上扬，是指拍面与地面的角度接近并大于90度，击球部位为中下部偏中部位。

（5）拍面上扬，是指拍面与地面的角度大于90度，击球部位为中下部偏下部位。

（6）拍面上扬，是指拍面与地面的角度接近180度，击球部位为球的下部偏底部部位。

（7）拍面下压，是指拍面与地面的角度接近平行，击球部位为球的上部偏顶部部位。

需要注意的是，网球击球的拍面角度与击球角度是不同的两个概念。网球的击球角度表现为对击球落点的控制，而拍面角度则表现为对击球效果的控制。击出上旋球拍面角度应下压，击出下旋球拍面角度要上扬。掌握好击球时的拍面角度可以控制击球的节奏，在网球比赛中掌握主动。

（三）击球弧线

1. 击球弧线的概念

网球运动中，球在空中飞行的轨迹所形成的抛物线就是击球弧线。击球使球获得水平方向的力而飞向受力方向的反方向；球在飞行的过程中，由于受到地球重力的作用会形成一道向下的弧线。简单来说，击球的弧线主要包括空中弧线和落地弧线两个部分。

（1）空中弧线指球从球拍击出到落地前，在空中飞行的轨迹。它主要取决于弧线高度、弧线距离、弧线弯曲度和弧线方向。

（2）落地弧线指球落入对方场地后弹起的轨迹。它主要取决于弧线高度、弧线距离、弧线弯曲度和弧线方向。

球的飞行弧线是否合理会直接影响对方回球质量的高低。例如，击球落地弹跳弧线过高，或距离过短都很容易被对手抢攻；如果击球弧线高且弧线距离够长，则会给对手造成击球点位置过高的麻烦；在比赛双方底线相持对攻阶段，较高的弧线则会给对方更多的反应时间。

2. 击球弧线的作用

在网球比赛中，合理的击球弧线对击球效果可起到重要的作用。其一，空中弧线是否合理对击球过网的稳健性具有决定性作用。在网球比赛中，球多以弧线形式来回飞行。无论打直线球，还是打斜线球，不管打大角度的球，还是打小角度的球，都要考虑以合适的弧线击球。一般来说，空中弧线越大，击球下网的概率就越低。其二，在击球时，球的弧线变化多端，这在很大程度上会增加球的进攻性。在网球技术具体的运用中，主要表现为通过长短、高低的变化来打乱对手的击球节奏，从而增加自身击球的攻击性。

3. 击球弧线的影响因素

在网球击球动作中，影响击球弧线的因素主要有球的出手角度、球出手时的初速度、触球时球的高度以及球的旋转。

（1）球的出手角度，是指球拍触球时拍面与地面的夹角。球的出手角度越大，出手弧线的高度也越大；反之，球的出手角度越小，出手弧线的高度也越小。

（2）球出手时的初速度，即球刚刚被击离拍瞬间时的飞行速度。球拍触球时的速度越快，则球出手时的初速度就越大。

（3）触球时球的高度，即击球点距地面的高度。

（4）球的旋转影响着其在空中飞行的弧线，以及落地后的弹跳弧线。击球时，上旋可增加球的过网高度、减少击打距离，下旋球则正好相反，而侧旋球则会产生向左或右弹跳。

在网球运动中，抽球会使球产生上旋，切削球会使球产生下旋。

上旋球是网球运动中使用频率最高的技术。上旋球的弧线高、速度快，具有不易出界的特点。因此，在底线相持阶段，球员基本都是击打上旋球。而球员为争取主动进攻，都会加大击打上旋球的力量和速度，这在男子选手中最为常见。

下旋削球是一项偏重于防守性的技术，多在破坏对手击球节奏时使用。下旋削球击球效果具有飞行轨迹高度低、抛物线小，过网高度低的特点。因此，在放小球时，务必使用下旋削球。初学者往往难以掌握击打下旋削球的要领，而优秀球员则保持球与球拍的长时间接触，确保稳定的挥拍动作和良好的击球节奏，以打出低平飞行的下旋削球。

（四）击球力量

1. 击球力量的概念

网球运动中，球员击球力量越大，给对方回球造成的困难就越大。动力学理论研究证明，物体撞击力量的大小取决于该物体质量的大小和物体本身加速度的快慢。同样，在网球运动中，网球运动员挥拍时的速度越快、拍头速度越快，则击球的力量就越大。

但需要注意的是，绝对力量与击球力量之间的关系并不是绝对的，两者并不完全成正比，即并不是绝对力量更大的人击出的球的力量就更大。这一点在实际的网球比赛中已经得到了充分的证明。

相关理论研究与实践发现，在网球运动中，击球力量作用于球时，是通过球的前进速度和旋转强度来表现的。当击球力量穿过球的重心，力量完全作用到球上时，击球力量最大。然而，产生旋转的击球力量却不能作用到球的重心上，这就是网球界经常说的合力，即既有强力的旋转，又有足够的力量。球员想要获得大力量击球时，需要在击球前保持手臂相对放松，在触球的瞬间收紧肌肉以产生爆发力，而且还要注意选择合理的击球时间和击球点。

2. 加大击球力量的作用

在网球比赛中，如果球员的击球力量加大、球速加快，会迫使对手接球的挥拍动作加快，以免造成不必要的失误。由于球向前飞行的速度很快，球员往往通过经验来判断球飞行的路线和时间。因此，一些经验不足的年轻球员经常会发生判断失误的情况，此时，以快速击球来应对之，有利于把握比赛的主动权。

3. 加大击球力量的方法

在网球比赛中，球员要想增加击球的力量，应高度重视动作发力的顺序和协调性，注意保持力的集中性和爆发力，避免分散用力。球员全身的协同发力也是增大击球力量的重要方法，特别是对下肢向上的力量传导，以及腰部与上肢力量的协同发力。在发力击球时，应注意以下七个要点。

（1）击球前，发力肌肉应尽量拉长且放松。

（2）适当加大动作半径和引拍距离。

（3）注意腿部、腰部、上臂和前臂力量的协调配合，击球瞬间应有突然的爆发力。

（4）掌握合理的击球时间和击球位置，产生最大的合力。

（5）击球动作完成后，应迅速放松，注意动作还原，以准备下一个发力动作。

（6）遵循身体肌肉发力的正常顺序。

（7）重视身体训练，提高力量素质，并使其与技术密切结合起来进行训练。

（五）击球速度

1. **击球速度的概念**

球出手后跃过球网后落到对手场地所需要时间反映了击球速度的大小，时间越短代表球速越快。一般来说，球速的快慢可以分为空中飞行速度和落地速度。击球弧线越低，则球速越快；反之，击球弧线越高，则球速越慢。因此，球员要想提高击球的速度，就必须设法缩短球在空中飞行和落地这两段时间，以获得理想的快速击球效果。

2. **提高击球速度的方法**

在网球训练中，球员提高击球速度的方法主要有两种，一是缩短来球过网后的飞行时间，二是缩短球被击后的空中飞行时间。球员在进行提高击球速度练习时，要高度注意以下五个要点。

（1）站位要靠近球网，击球点适当接近球网。

（2）适当降低球在空中飞行弧线的高度。

（3）适当提早击球时间，减小动作幅度，提高击球爆发力。

（4）提高判断、反应能力和移动的速度。

（5）注意利用下肢蹬转，为稳定动作和加快球速提供力量支持。

3. **提高击球速率的方法**

在网球比赛中，球员击球速率的效果主要体现为一方连续击球的衔接速度。以较快的击球速率压迫对手，能给对手造成极大的回球压力。而较快的击球速率虽然能够提升对对手的压迫感，但也可能增加自身击

科技助力下的网球训练分析

球失误率。因此，要想获得较高的击球速率，在平日的训练中就要有针对性地加强击球速率练习。从网球击球的技术原理上分析，增加击球速率时需要注意以下两个要点。

（1）对来球落点和线路做好初步的预判。要想提高击球速率，对对手的回球必须要有良好的预判，从而为击球做好充分的准备。

（2）争取在来球上升期击打。要尽量缩短来球落地后弹跳所占用的时间。由此可知，击球点应该在球弹起的高点之前，而鉴于越靠近落点击球越困难的实际情况，过度迎前必然会带来较高的失误率。因此，为了提高击球速率，在来球的上升后期击球是最佳时机。

（六）击球旋转

1. 球旋转的原理

在网球技术不断发展的今天，网球运动的旋转技术日益重要，是球员高度重视的技术环节。现代网球比赛中，击球的旋转强度不断增加，旋转的变化也越来越多，相持阶段对球旋转的依赖也越发明显。因此，了解网球的旋转特性，对提高网球技战术水平具有十分重要的作用。

研究表明，网球产生旋转的原因是球员挥拍击球时作用力不通过球的重心。如果击球时作用力通过球心，球只会因平击飞行而不会产生旋转球。但在实际击球中，因为挥拍轨迹并非直线，球员每一次击球，作用力或多或少都会偏离球的重心而使球产生一定程度的旋转。

在击打旋转球时，球员的作用力方向偏离球心，这就意味着击球的瞬间采用了不同的拍面角度和挥拍方向：平击球需要拍面垂直于地面，触球后继续向前挥拍；上旋球要求拍面下压，并向前向上挥拍；下旋球要求拍面上仰，并向前向下挥拍；如果拍面垂直并向下挥拍，也可削出下旋球；如果拍面垂直并向上挥拍，也可拉出上旋球。

2. 球的基本旋转轴

网球本身并无固定旋转轴，而是在击球旋转的过程中自然产生了旋转轴。网球有多种旋转方式，其旋转轴也会发生变化。

（1）网球的横轴，是指通过球重心与网球飞行面垂直的轴。若球通过此轴向前旋转，即为上旋球；若球通过此轴向后旋转，即为下旋球。

（2）网球的纵轴，是指通过球心与地面相垂直的轴。球通过此轴旋转为侧旋球。根据球员的技术要求,击球时,若球拍触球的某一纵向位置,会产生内旋或外旋,即向左旋转或向右旋转。

3. 球的旋转与反弹

球员在击出球后,根据球的旋转特性不同,球落地后的反弹也表现出不同的特点。一般来说,从球被击出到落地,网球本身的旋转、反弹的角度均会发生明显的改变。在场地材料相同的情况下,当球以相同速度和落地角度接触场地表面并产生反弹后,不同旋转的球具有不同的特点。

(1) 上旋球反弹后上旋更为强烈,反弹角度比落地角度略小,反弹后向前的速度加快。

(2) 下旋球反弹后上旋不强烈,反弹角度比落地角度大,反弹后的飞行高度比落地前低。

(3) 无旋转球反弹后上旋,反弹角度受到场地摩擦力及软硬度的限制,反弹后的飞行高度要比落地前低。

4. 球的旋转与飞行

在网球运动中,决定击出球飞行轨迹的主要因素有击球角度、球的旋转、击球线路高度、空气阻力以及地心引力等。其中,除了空气阻力和地心引力,其他因素都是可控的,而球的旋转是决定击出球落地弹跳轨迹的最重要因素。

5. 加大旋转(合力)的方法

在网球的旋转过程中,球的旋转方向受球员挥拍方向影响,旋转强度受触拍部位、击球力度以及击球角度影响。如果球员对网球旋转的原理了解透彻的话,则无疑会对其练习和比赛中对旋转的制造、对抗与变化有极大的帮助。

需要注意的是,球的旋转是依靠撞击力和摩擦力产生的,要想制造最大的旋转,就需要在这两个力中找到最佳的协调点。任何一次力量不足或者过大的击球都会过犹不及,使球的旋转受到限制。

具体来说,加大球的旋转可采用三种方法:一是加快挥拍动作和拍头速度;二是增加随挥动作长度;三是用力方向应适当地远离球的重心。

（七）击球点

1. 击球点的概念

击球点，是指球员在击球时，球拍与球接触瞬间在空中的位置。合理的击球点应具备三个要素：球与击球者的前后位置、球与击球者身体一侧的左右距离、球距离地面的高度。

在击球时，球员对击球点的选择是否合理至关重要。在选择击球点时，球员应着重考虑以下两个因素。

第一，击球时，球与身体的前后距离。在合理的击球区间，较早的击球点更容易打出斜线球，较晚的击球点更容易打出直线球。

第二，击球时，球与身体的左右距离。应避免击球点过近或过远。

2. 击球点与球的性能

在网球比赛中，球员对击球点的选择对于网球的发球和回球质量的好坏具有至关重要的作用。在击底线球时，击球点的高度应与膝关节保持同等高度。但是也有例外，如反弹较高的上旋球的击球点经常会高于肩膀，而反弹较低的下旋球则往往使击球点在膝关节的高度。

网球运动击球技术较为复杂，在实际操作中会遇到各种各样的问题和突发状况，这正是网球比赛的魅力所在。在网球比赛中，球员在击球时要应对各种情况，解决各种问题。例如，当击球点过高时，球员需要跳起击球以降低击球点；当击球点较低时，为了避免击球下网，拍面尽量不与地面垂直，而要略微上扬。优秀的球员能在最短的时间内采用正确的击球方式。

3. 击球点与挥拍方向

在网球运动比赛中，击球点的位置决定了击球瞬间的挥拍方向。为了提供较长的挥拍轨迹和易于掌握击球的时机，现在的网球运动员在运用网球技术时都将击球点保持在身体的侧前方，以易于挥拍和发力，但这样不易打出直线球。

具体来说，网球运动员可以采取两种方法打出直线球：一是通过改变手腕的屈伸程度来改变拍形，从而使拍面在身体侧前方指向直线；二是调整挥拍的轨迹，向直线方向发力挥拍，使自己在身体侧前方挥拍时方向仍旧能指向直线。在比赛中，球员要控制好击出球的方向，通常需要运用以下四种方法。

（1）挥拍方向越朝前或拍面仰角越小，击出球的飞行弧度越平。

（2）挥拍方向越朝上或拍面仰角越大，击出球的飞行弧度越高。

（3）挥拍方向越向右，击球时机越晚或手腕屈伸的程度越小，击出球的飞行方向越偏右。

（4）挥拍方向越向左，击球时机越早或手腕屈伸的程度越大，击出球的飞行方向越偏左。

（八）击球落点

1. 击球落点的概念

击球落点是指网球被球拍击出后，越过球网在对方场区内的落点。击球落点的准确是技战术组织的前提。球的落点是评价回球是否具有威胁或战术意义的重要标准之一。

击球落点远离对手可以充分调动对手从而为本方争取主动，因此，应积极通过击球落点的变化找出空当并寻求得分机会。

2. 击球落点控制力的提高

在网球比赛中，球员必须依靠击球落点的变化才能达成技战术目标。因此，球员对球的控制能力，具体体现在对击球落点的控制上。总的来说，无论是击球路线、击球角度，还是击球力量的选择，都是为了控制击球落点。击球落点涵盖所有的网球技术，包括发球落点、接发球落点、底线击球落点、上网截击落点、高压球落点、放高球落点和放小球落点等。对球的落点的处理是每项网球技术都要面对的问题。

网球球员击球的过程中，一个绝佳的落点需要满足以下两个条件：一是根据战术的不同，回球落点的长短应有不同；二是从回球路线来看，回球的落点离对方所站位置越远越好，应尽量扩大对方防守的范围，迫使对方进行大范围的跑动，使其在防守中疲于招架，丧失主动权。

在网球比赛中，球员要想使击球更具威力，给对方造成更大威胁，就势必力争让对手不能在稳态（站定）中回球，而要想调动对方移动，就需要有刁钻的落点。具体来说，要想提高对击球落点的控制能力，需要注意以下两点。

（1）主观上，应有击球落点意识，提高个人在球场上的观察能力，在训练或比赛中有针对性地对击球落点提出要求。

（2）客观上，在训练时限制区域，将场地划分成若干区域，限定击球目标区进行反复练习。

3. 落点的作用

好的击球落点往往对比赛取胜至关重要，其产生的作用包括以下四点。

（1）可扩大对方跑动的范围，消耗其体力。

（2）正中对方技术缺点。

（3）增加对方击球的难度。

（4）使对方判断失误，延误最佳击球时间。

三、网球运动的基本技术与训练

网球技术动作是指利用合理的身体姿态、适合的握拍方式、规范的挥拍动作进行击球。网球动作并不是千篇一律的，根据球员身体条件和个人习惯，在合理的范围内击球均属规范。标准的击球动作应符合网球规则的要求，以及人体生物力学和解剖学的原理，应结合球员个人特点，使击球动作协调、轻松、正确，充分利用时间和空间等条件以发挥球员的最大潜能。

（一）握拍

1. 握拍方式

网球的握拍方式大体可分为东方式、大陆式、西方式和半东方半西方式四种。下面以右手利手持拍为例，介绍各种握拍方式。

网球拍的握拍方式与球拍柄上的八个面密切相关，八个面分别为上平面、右上斜面、右垂直面、右下斜面、下平面、左下斜面、左垂直面和左上斜面（以球拍平放且拍面与地面垂直时为准，如图3-2中对应数字1~8）。如图3-2所示，手掌上的线段表示采用不同握拍方式时手掌接触拍柄的位置。

图3-2　手掌对应接触拍柄面位置和拍柄八个面

2. 东方式正手握拍（图3-3）

使用东方式正手握拍时，手和拍柄类似"握手"，持拍手的食指指根关节放在球拍拍柄的右垂直面上，也可以用虎口对准拍柄的右上斜面上缘，手掌根部与球拍拍柄下沿持平，手掌与拍面平行，食指稍伸展。该握拍方式适合大多数初学者和业余选手使用，也适合打各种高度的球。

图3-3 东方式正手握拍

3. 大陆式正手握拍（图3-4）

使用大陆式正手握拍时，类似于"握菜刀"，持拍手的食指指根关节放在球拍拍柄的右上斜面，也可以用虎口对准拍柄上平面的中心，手掌根部与球拍拍柄下沿持平，食指稍伸展。这种握拍方式更容易击打低平来球，常用在发球、高压球、截击球、削球时。

图3-4 大陆式正手握拍

4. 西方式正手握拍（图3-5）

使用西方式正手握拍时，持拍手食指的指根关节放在球拍拍柄的下平面，也可以用虎口对准拍柄的右垂直面，手掌根部与球拍握柄下沿持平，食指稍伸展。使用这种握拍方式更容易打出上旋球和应对高弹跳来球。

5. 半东方半西方式握拍（图3-6）

半东方半西方式握拍是较多职业球员使用的握拍方式，既可以打出上旋球，又可以应对低平球。采用该握拍方式时，持拍手的食指指根关节放在球拍手柄的右下斜面上，也可以用虎口对准右上斜面中心，手掌根部与

图3-5 西方式正手握拍

球拍拍柄下沿持平，食指稍伸展。

图3-6　半东方半西方式握拍

6. 反手单手东方式握拍（图3-7）

反手单手东方式握拍的持拍方式与东方式正手握拍法相似，持拍手的食指指根关节放在球拍拍柄的右上斜面，也可以用虎口对准拍柄左上斜面下缘，手掌根部与球拍拍柄下沿持平。这种握拍方式适合打反手上旋球和削球。

图3-7　反手单手东方式握拍

7. 反手单手西方式握拍（图3-8）

反手单手西方式握拍与西方式正手握拍相似，但将球拍上下颠倒过来，持拍的手食指指根关节放在球拍拍柄的右上平面，用同一拍面击球。这种握拍方式更容易打出反手上旋球。

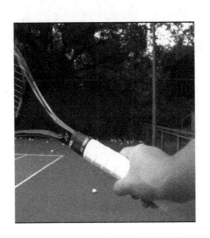

图3-8　反手单手西方式握拍

8. 反手双手握拍（图3-9）

反手双手握拍是指右手采用东方式反拍握法，左手采用东方式正拍握法，右手在下且手掌的根部与球拍拍柄的下沿持平，左手在上，左右手靠拢。这种握拍方式有利于增加击球的旋转速度和力度。

图3-9　反手双手握拍

9. 其他握拍方式

防守型正反手挑高球使用大陆式握拍，进攻型正反手挑高球使用上旋击球握拍。

（二）步法

1. 准备步法（图3-10）

准备步法指双脚的弹跳。双脚应同时跳起，每次落地时，身体重心在左右脚之间轮换。

a. 弹跳重心在右

b. 弹跳重心在中间

c. 弹跳重心在中间

d. 弹跳重心在左

图3-10 准备步法

2. 滑步（图3-11）

滑步移动时，两脚相互靠近和远离。滑步常用在距离身体较近的击球，以及左右移动后的回位动作。

a. 滑步准备　　　　　　　　　　b. 滑步移动

c. 滑步结束

图 3-11　滑步

3. 交叉步（图 3-12）

交叉步是前后移动击球时使用的步法，也用于大范围左右跑动击球后回位的第一步。

a. 交叉步移动重心　　　　　　　b. 交叉步移动

c. 前交叉步移动1

d. 前交叉步移动2

e. 前交叉步移动3

f. 前交叉步结束

图3-12 交叉步

4. 分腿垫步（图3-13）

分腿垫步是每次预判对手击球前的步法。跳起后左右脚分开，落地时两脚距离宽于准备距离。

a. 降低身体重心

b. 身体重心向上

c. 跳起分腿 1

d. 跳起分腿 2

e. 分腿落地

f. 降低身体重心

图 3-13　分腿垫步

5. 小碎步（图 3-14）

小碎步是双脚快速进行高频率交替抬起落地的过程。小碎步通常用在击球前作为微调动作，或击球后身体重心的调节动作。

a. 右脚抬起

b. 身体重心在左脚

c. 左脚抬起

d. 身体重心在右脚

e. 保持重心稳定

f. 重复右脚抬起

图 3-14　小碎步

6. 开放式步法（图 3-15）

准备击球时，迈出击球一侧脚，双脚与底线平行，身体重心放在击球一侧脚；击球时，重心腿蹬地，对侧脚向前跨出。

a. 正手开放式

b. 反手开放式

图 3-15　开放式步法

7. 关闭式步法（图 3-16）

准备击球时，迈出对侧脚，双脚呈闭锁状。

a. 正手关闭式　　　　　　　　b. 反手关闭式

图 3-16　关闭式步法

8. 半开放式步法（图 3-17）

半开放式步法与开放式步法相似，准备击球时，身体重心放在击球一侧脚；击球时，重心腿蹬地，对侧脚向前跨出。与开放式步法不同的是，半开放式步法是双脚略微前后站位。

a. 正手半开放式　　　　　　　　b. 反手半开放式

图 3-17　半开放式步法

（三）技术训练

1. 正手上旋球（图 3-18）

侧身的同时左手辅助引拍（采用半东方半西方式握拍），不要刻意做向后拉拍动作，蹬地转髋转腰带动手臂。在转体的过程中，拍头下沉，使拍头低于手腕、低于来球，向前向上挥拍，球拍在身体侧前方最佳击球点触球（身体侧前方的腰部高度）；击球时，拍面略微下压；击球后，拍头迅速做雨刷器动作向前向上随挥，同时继续转体、转肩完成挥拍动作。

a. 引拍

b. 拍面向下

c. 拍头下沉

d. 转体击球

e. 球拍向前向上

f. 随挥

g. 收拍　　　　　　　　　　　h. 转体收拍

图 3-18　正手上旋球

2. 正手下旋球（图 3-19）

正手下旋球即正手削球。侧身高举球拍（采用大陆式握拍），蹬地转髋转腰，手臂向前向下挥拍；击球前，拍头高于来球，球拍在身体侧前方最佳击球点触球；击球时，拍面略微上扬；触球后，球拍向球飞行的方向随挥，拍面最后完全上扬与地面水平。拍头在击球过程中始终高于手腕。

a. 引拍　　　　　　　　　　　b. 转体挥拍

第三章 科技助力下的网球训练分析

c. 拍面朝向来球

d. 向前向下击球

e. 击球随挥1

f. 击球随挥2

g. 转体随挥

h. 结束收拍

图 3-19 正手下旋球

3. 反手上旋球（图 3-20）

采用双手反手东方式握拍。侧身的同时向后引拍，拍头在挥拍击球前要高于手腕，蹬地转体，在转体的过程中拍头下沉，使拍头低于手腕、低于来球，向前向上挥拍，球拍在身体侧前方最佳击球点触球（身体侧前方的腰部高度）；击球时，拍面略微下压；击球后，拍头迅速向前向上随挥，挥至肩膀侧上方。

a. 侧身引拍

b. 降低拍头

c. 转体挥拍

d. 拍面朝向来球

e. 向前向上挥拍

f. 随挥

g. 转体随挥　　　　　　　　h. 结束收拍

图 3-20　反手上旋球

4. 反手单手上旋球（图 3-21）

采用单手反手西方式或东方式握拍。侧身并在非持拍手辅助的同时向后引拍，拍头在挥拍击球前要高于手腕，蹬地转体。在转体的过程中，拍头下沉，使拍头低于手腕、低于来球（在拍头下沉前挥时释放左手，右手继续挥拍击球，左手向后打开保持身体平衡），向前向上挥拍，球拍在身体侧前方最佳击球点触球（身体侧前方的腰部高度）。击球时，拍面略微下压；击球后，拍头迅速向前向上随挥，挥至身体侧上方。

a. 转体引拍　　　　　　　　b. 降低拍头 1

c. 降低拍头 2

d. 挥拍击球

e. 拍面朝向来球

f. 向前向上挥拍

g. 转体随挥

h. 结束收拍

图 3-21　反手单手上旋球

5. 反手下旋球（图 3-22）

反手下旋球即反手削球。反手下旋球一般采用单手击球方式（大陆式握拍）。侧身引拍动作与单手反手上旋球类似，左手辅助引拍，向前向下挥拍；击球前，拍头高于来球，球拍在身体侧前方最佳击球点触球；击球时，拍面略微上扬；触球后，向球飞行的方向随挥，拍面最后完全上扬与地面水平。拍头在击球过程中始终高于手腕。

a. 侧身引拍

b. 挥拍击球

c. 击球拍面稳定

d. 向前向下挥拍

e. 向前随挥

f. 向前向上随挥

g. 转体随挥　　　　　　　　　　h. 结束收拍

图 3-22　反手下旋球

6. 截击球（图 3-23、图 3-24）

采用大陆式握拍。准备时，双脚间距比底线准备动作的略宽，身体重心更低；侧身引拍时，以击球同侧脚为重心脚，拍面略微向后打开，截击球的引拍不能超过肩膀，拍头始终高于手腕且手臂应保持相对放松；上步击球时，击球点位于身体侧前方；击球后，向前随挥，随挥动作短促；触球后，保持拍面稳定。

a. 侧身引拍　　　　　　　　　　b. 向前击球

科技助力下的网球训练分析

c. 击球拍面稳定

d. 上步随挥

e. 身体重心向前

f. 结束收拍

图 3-23　正手截击球

a. 侧身引拍

b. 向前上步

c. 上步击球

d. 击球拍面稳定

e. 击球后随挥

f. 结束收拍

图 3-24　反手截击球

7. 高压球（图 3-25）

采用大陆式握拍。准备时，侧身的同时高举球拍，脚下交叉步调整与球的距离，双脚蹬地转体向上挥拍；挥拍时，拍头下沉至背后，接着迅速上挥，在身体最高点偏前的位置触球；击球后，做压腕动作，随挥球拍至身体左侧。

a. 侧身引拍

b. 拍头下沉 1

c. 拍头下沉 2

d. 转体转肘

e. 向上挥拍

f. 击球拍面稳定

g. 前臂旋内　　　　　　　　　　h. 结束击球

图 3-25　高压球

8. 上手发球（图 3-26）

采用大陆式握拍；左手持球，双脚开立约肩宽距离，后脚平行于底线，前脚与后脚保持 45 度，左手抛球的同时右手顺势向下向后向上引拍至头部侧后方，右手肘关节架起，左手在头部高度将球抛出；保持引拍和抛球动作，待球下落将至击球点时，拍头迅速下沉至背后，随即蹬地转体，向上挥拍前臂旋内击球，左手同时向下腹部收回保持身体平衡，向上跳起，在身体最高点偏前的位置触球；随即压腕随挥收拍至身体左侧下方。

a. 准备　　　　　　　　　　　　b. 抛球引拍

c. 抛球屈腿

d. 降低拍头

e. 转体转肘向上

f. 跳起击球

g. 前臂旋内压腕

h. 击球结束

图 3-26　上手发球

四、网球运动的基本战术原理

(一) 网球战术的概念

人们普遍认为,网球战术是根据网球规则和网球运动的规律、比赛双方的具体情况以及临场变化,合理运用各种网球技术或两人配合所采取的有意识、有组织的行动,通过变化击球线路来调动对手或者化解对方攻势,以最终取得胜利为目的的策略集合。

在网球比赛中,合理安排网球运动战术能帮助选手把握比赛节奏,发挥出其应有的技术水平,对比赛的胜负起着非常重要的作用。

(二) 网球战术与运动能力的关系

在网球运动中,网球战术与球员的技术、身体素质、心理素质等密不可分。这主要体现在以下两个方面。第一,球员的身体素质是发挥战术的基础保障,其心理素质是网球战术的思想保证。在网球运动中,技术与战术在很多情况下是不可分割的,球员的技术、身体素质以及心理素质是否协调统一、能否充分发挥,都会体现在战术的实施运用上。第二,合理的战术对球员的技术、身体素质、心理素质的稳定与提高会起到有效的促进作用。

在网球比赛中,如果没有很好地执行既定战术,或者未能很好地根据赛场局势的变化对原制定的战术进行适时的改进,球员将很容易在比赛中失去主动权而处于被动位置,从而影响比赛的结果。因此,在网球运动中,球员战术能力强弱主要通过球员个人战术素养、战术运用的及时性、战术运用的有效性,以及球员的团队合作能力即配合意识等方面来体现。

(三) 网球战术的基本原则

球员制定网球训练与比赛战术需要遵循一定的原则,具体来说主要包括以下七个方面。

1. 随机应变原则

在网球比赛中,形势是瞬息万变的,这就需要对抗双方以比赛场上的情况为依据,随时调整比赛战术,以争取比赛的胜利。要想做到这一点，就需要球员在日常训练中悉心研究不同战术的应用场合和技巧，并要多参加质量较高的比赛，以增加比赛的经验，提高战术运用的意识和水平。

在网球运动中，随机应变原则不仅体现在网球运动战术的制定上，还体现在适应外在环境上。网球场通常为露天场地，外界环境的变化有时会给球员带来一定程度的影响，如遇到日照问题，就应该考虑正对太阳与背朝太阳时选择不同的战术打法；遇到有风的天气时，就应该考虑顺风和逆风的战术安排；等等。

2. 针对性原则

针对不同对手和不同比赛场地而制定的战术的合理性与有效性，对比赛形势的掌控具有重要的作用。

3. 全面分析原则

球员在制定网球运动战术时，不仅要对自己的技术、身体状态做到心中有数，还要随时观察比赛的形势走向，通过合理分析，做出正确的战术行动。

4. 主动性原则

主动性原则是指在制定战术时须体现积极主动的指导思想，主动控制比赛的节奏，发挥自己的优势，以使制定好的各种战术得到充分发挥。

网球战术的主动性原则，还要求球员在比赛中将制定好的战术坚决地贯彻和执行下去：当比分暂时领先时，不能骄傲和轻视对手；在打相持球和处理关键球时，应该认真、仔细；当比分落后时，不要气馁，应积极贯彻自己的战术意识，保持良好的心态，直至最终取得比赛胜利。

5. 扬长避短原则

网球运动战术的最大作用是扬长避短。因此，在赛前制定战术时，就一定要贯彻这一原则。具体来说，在网球比赛中，球员要以我为主，清楚自身的特长技术和打法，并在此基础上尽快发现对手的技术弱点，同时尽可能针对对手弱点采取富有侵略性的进攻，以己之长攻彼之短，掌握比赛的主动权。

在同等水平的网球比赛中，球员本身的技术和战术素养非常接近时，比赛的结果几乎完全取决于哪一方的战术更能发挥己方优势而抑制对手优势。因此，一定要遵循扬长避短的原则来制定网球比赛战术，以在比赛中击败对手获得最终的胜利。

6. 有机结合原则

有机结合原则是指在网球比赛中，要将网球运动的技术和战术进行合理的组合运用。技术是战术的基础和组成部分，没有过硬的技术，再好的战术也不能使球员获得比赛的胜利。所以，战术只是网球比赛中一种取胜的手段，而决定比赛胜利的因素还有很多，战术须与技术完美结合，才能发挥出最大的效用。

7. 攻守平衡原则

受技术发展、网球器材改良等各方面的影响，在网球战术打法的演变过程中经常会出现进攻型打法时期和防守型打法时期。但在当前的网球比赛中，技术以及由其引领的战术更加全面，球员一味地追求进攻或防守都不能收到很好的效果。只有做到攻守平衡，才能使运动员的技战术得到最好的发挥，进而掌握比赛的主动权。因此，在制定网球比赛战术时，要兼顾攻守平衡的原则，将进攻与防守战术结合起来进行运用。

五、场上战术的制定

（一）按比分情况制定

比分是网球比赛中双方表现情况的直观反映。因此，比分是战术决策的重要依据之一。在网球比赛中，球员要善于根据比分适时改变战术，这可以是在赛前就事先制定好的，当场上出现某种比分局面时参照使用即可，也可以是临场随机决定的。根据比分制定战术主要有以下四种情况。

1. 比赛开始

即比赛双方开始阶段。此时应将本局的战术重点分设定在前30分，即得到两球的胜利。通过数据分析表明，通常在一局比赛中先得到30分的一方在本局获胜的概率为80%。在比赛之初，应发挥自己的优点，如在己方发球局，则可在战术上选择一些积极主动的打法；如在对方发球局，则更应注重选择一些偏向防守的战术打法，以期稳中求胜。

2. 比分持平

比分为平分时，积极的进攻战术要在自身状态较好时采取；若手感状态不好，则可以选择一些稳健的战术。当比分为30∶30或Deuce

科技助力下的网球训练分析

（平分）时，要注意分析这种局面形成的原因。如果是被连续追回两球至平分，则需要及时调整战术。被追平比分的一种情况是对手改变战术从而改变颓势；另一种情况是自身没有保持得分势头、运用技战术不坚决。此时，应快速找出失分原因并立即执行相应的战术。

3. 比分领先

在网球比赛中，当己方处于比分领先时，特别是大比分领先时，应考虑保存己方体力和最大化地消耗对方体力。此时，应选择一些可以快速得分的战术打法。当然，如果对方也认为本局取胜无望的话，可能会不顾后果地采取激进打法，表现为对每球的回击异常凶猛。此时，应保持优势打法，耐心、稳扎稳打以获得本局比赛胜利。

4. 比分落后

在网球比赛中，当己方比分落后时，为了扭转比赛颓势，应及时总结比分落后的真正原因，尽快改变战术打法，不断给对方制造压力，打破对方得分节奏。此时，应大胆尝试各种战术，减缓对方得分势头，缩小比分差距。

（二）按场地区域制定

1. 前场战术

在网球运动中，前场也称为"近网"。由于这一区域离球网比较近，在此区域击球可以有更多的落点选择，因此，这一区域也是网球前半场中最具进攻性的区域。在前场区有较多的击球落点选择，这为调动对方带来了更多可能，如对方在底线回球，在网前可以选择直接截击或凌空抽球。近网球的战术较多，如可选择回击深落点球或大角度短球，或者放小球。

2. 中场战术

中场区域是网球场地中最重要的进攻区域。中场球的击球线路很多，也是最容易犯错的区域，出现失误的原因往往是击球犹豫。处理中场球的方法是，如果来球弹跳较高，可选择果断抽球进攻或放网前小球；如果击球点低，可以用削球将回球打深，或用上旋击球将球拉起。

3. 后场战术

随着网球技术的不断发展，现代网球的主流打法为底线全面型打法。因此，后场成为网球战术运用的基础区域。后场区的战术应用需要注意的是,因为在底线直接得分的难度很大,所以在与对方展开底线相持对攻过程中,球员应保持耐心,回球的目的应明确且要有一定的深度。在网球比赛中,后场区域战术的应用不仅要求球员有足够的耐心和灵活地侧身移动的能力,还要求球员击球角度刁钻及落点准确,因此,球员始终要给对方一定的压迫,并做好向前移动或给对方致命一击的准备。

(三) 按环境情况制定

1. 根据风向制定网球战术

网球是室外运动,比赛通常在露天赛场进行,因此会受到诸多外部环境的影响,如风向的变化。网球战术的制定需要考虑到风向的问题,其中主要为顺风与逆风对于网球在空中飞行的影响。在顺风和逆风时采取的战术是有很大区别的,下面以此作具体说明。

(1) 顺风球战术。当顺着风向击球时,战术的制定应考虑以下因素。由于顺风会使球速加快,因此在击球时应控制发力,可以适度增加球的旋转,加快并缩短收拍动作以防止球出界。顺风打球时,可以选择采用上网战术,以减低底线击球受风的影响程度。此时选择上网战术还有一个优势,那就是对手在逆风击球时由于球受到空气的阻力,球速会相对较慢,这有利于球员在网前截击得分。因此,利用好风速提高球速而压制对手是打顺风球的常用战术。

(2) 逆风球战术。在逆风情况下击球时,空气对球的阻力效应格外明显。为了适应这样的环境,可以适当选择增加近网短球的使用频率。在阻力的作用下,球会相对离网更近,回球效果更好;此时的底线击球,则应增加随挥距离以保证较深的回球落点。

2. 根据阳光制定网球战术

太阳"东升西落"的自然规律,使得多数露天场馆在建设中都考虑到了光照的问题。这也是网球场所选择南北方向建设的原因,以避免场上的某一方球员会朝阳光比赛而使视觉受到影响。尽管如此,也不能完全避免阳光对比赛双方球员的影响。从网球战术的角度来看,当发现对方球员在某一位置受到光照影响较大时,在此后的比赛中可以有意识地将球打回至那个位置。

面向太阳发球时,需要适当改变发球站位或抛球时略低于正常高度，此时要慎重使用上网战术；如果上网后对方挑高球，应尽可能打落地高压球，以免受到阳光的影响。

3. 根据气温制定网球战术

网球运动的运动量较大，在夏天进行比赛时不仅是对运动员技战术和体能的考验，而且是对其心理素质和意志品质的考验。在炎热的环境中比赛要时刻注意保留自身的体能，不做多余的、低效的动作，应大范围调动对方跑动击球，增加其体能的消耗。当对方的体力消耗殆尽时，其心理也会受到极大打击，技战术水平的发挥也将大打折扣，此时也就极大地增加了己方获胜的机会。

在冬天比赛时需要注意做好准备活动，以避免因热身不足而造成运动损伤。挑边时，可以先选择接发球，这是因为肌肉在低温环境下会有一定的黏滞性，使得比赛开始时不容易进入最佳状态。所以，冬季比赛开始时，球员的发球质量一般不高，对接发球方球员比较有利。

尽管外在环境有时会对网球战术的选择产生影响，但这种影响的程度是有限的。网球比赛归根结底是球员综合实力的较量，因此，任何技战术的运用都是建立在球员实力的基础上的。

第三节 科技辅助下的网球训练

正如奥林匹克体育精神那样，网球运动向着更快、更高、更强——更团结的人类极限不断探索和挑战。科技的发展对网球运动的影响巨大，数字化计算机技术使得网球运动越来越智能。

一、网球智能化训练

现代体育比赛已经不单单是运动员的较量，也是各国科技的较量。网球运动作为职业化程度较高的体育项目之一，追求更高的科学技术境界是对人类自身不断的挑战。提高竞技水平和获得比赛胜利，都需要教练员和球员全力以赴、相互配合并通过各种方式去实现，科技的赋能作用也越来越重要。

网球运动视频图像多重处理系统集视频采集、反馈功能于一体，是智能化体育训练不可或缺的重要组成部分，是球员真实运动技战术能力的表现和证明。运动训练的实践表明，视频图像采集管理系统已经应用于日常训练中对球员技战术能力的分析和判断，并且可以帮助球员取得优异的成绩，得到了教练员和球员的普遍认可。数字化训练监测系统将运动的信息自动采集并以数字化形式展示出来，对训练和比赛的数据可通过平板电脑或手机设备进行实时阅读，球员及球的运动轨迹信息可以通过摄像机和传感装置进行实时追踪。可穿戴传感设备可以监测球员的跑动距离、跑动速度、承受负荷、心率等数据。这些数据可帮助教练员做出客观的判断。当今在世界职业体育领域，如网球、足球、橄榄球等球员训练中穿戴传感设备已被普遍应用。教练员利用这些高科技设备不仅能在训练时看到球员的表现，了解球员状态，对训练进行科学的指导，还能避免球员伤病的发生。

在技术动作改进方面，球员借助穿戴设备在身体上安装多个传感器，动作视频辅助系统记录球员挥拍击球的动作数据，并对动作进行分析以提高挥拍动作细节稳定性。这些都有助于球员和教练员改善动作细节。此种设备与数据处理系统的出现使教练员不再需要依靠经验来主观地判断技术动作，也使技术动作训练的效率更高、效果更好。

球员的生理机能水平与运动疲劳程度相关联。生理生化的测试和实验多局限在实验室，比如监测球员的血常规和尿常规。现在，智能的运动生理机能监测系统在监测数据反馈的速度上已经提高了很多，但是还未能在训练场馆直接完成以上运动生理生化监控的现场反馈。如能实现之将方便教练员和球员更加及时地了解训练及比赛的疲劳程度、掌握训练强度。这将是科学训练的又一突破性成就。

美国网球协会（The US Tennis Association，USTA）在美国网球公开赛期间与万国商业机器公司（IBM）合作，开发出了一款智能产品——IBM Coach Advisor（网球教练员的智能顾问）。该产品利用人工智能技术为分析运动员的表现提供了有力的数据支持。例如，它可以记录一场网球比赛所耗时间，测量运动员在比赛中的跑动距离和速度、疲劳程度，评估运动员的体能状况，判断运动员在不同体能状态下的表现。

在该产品出现之前，教练员只能凭借主动观察、观看比赛视频以及听取运动员反馈的方式获得上述数据。借助这套系统，教练员可以得到远超传统监控模式下的数据和内容，可以快速找出比赛的关键分与运动员的体能消耗、体能状态之间的关系。这套系统的作用还并非局限于此。传统的网球比赛视频分析需要用手动的方式进行，这需要消耗大量的人力和时间。利用这套系统，教练员可以在比赛结束后及时回看比赛，了解场上每一时刻的客观干扰因素，如观众噪声、裁判呼叫声、球员击球声、球鞋摩擦地面的声音。这不仅可以节省大量的时间和精力，还可以使教练员专注于为网球运动员提供专业指导。

美国网球公开赛的观众通过 IBM Slam Tracker（评分应用程序）不仅可以实时观看比赛进程、比分和球员的技术统计，还可以了解数据统计和分析结果，包括局点、赛点、破发点等关键时刻，以及赛事亮点、实时更新和分数盘点等，而这一切都非常容易、便捷。

现在，凭借人工智能和大数据等科技手段，球员在技战术、体能、心理、康复等多个维度能够更好地获得科技保障。球员借助科技手段进行训练，已经是网球运动不可或缺的重要组成部分。教练运用智能化科技手段组织训练，将产生更深远的影响。

二、数字化手段获取比赛信息

在一些国际的职业赛事中，观众可借助虚拟现实设备在家中观赛，以获得如亲临现场的观赛体验。5G 网络和虚拟现实技术，4K、8K 超高清转播，让观众可以不在现场却能真实地体验到现场观赛的感觉。技术的革新更能为教练员和球员提供便利，帮助他们获取最新的网球运动资讯，迅速掌握比赛数据，不错过任何一名球员的信息。

智能场馆包括现代视频技术和高速通信技术。通过场馆中任何区域的摄像机、手机、平板电脑和采集视频数据的装置，可以高速、实时地将视频传输到显示终端或者实现互联通信。5G 网络通信技术为现代智能化体育场馆建设打造了通信基础。

三、无人机助力网球训练

无人机作为一种新兴的科技产品，应用的领域十分宽广。利用无人机辅助网球训练的方式也开始出现。"The Drone-ovic"无人机是专为网球专业训练而设计的，旨在提高球员的技术水平。使用时，其机身上的4K超高清摄像头可以从各种角度录制动作视频，这使教练员可以更加容易观察并进行训练指导，也使球员更容易发现自身存在的问题。因此，它也充当了助理教练的角色。不仅如此，这款专用无人机可以全方位地进行发球训练，从而达到传统发球机无法发出的角度。它还可以通过精确的计算分析最佳回击方式，从而给球员全新的训练体验。

另外，无人机的悬停功能可以全方位拍摄比赛中双方球员的击球线路和落点。这是其非常实用且新颖的功能之一。通过视频软件的后期处理，教练员可以在终端清楚地了解到球员的技战术运用得是否合理，还可根据视频进行技战术分析，为帮助球员制定技战术提供技术支持。

第四章 科技助力下的网球竞赛

第一节 网球竞赛的规则及礼仪常识

一、网球比赛场地与器材

（一）场地分类

网球场地的分类是根据球不同的反弹后程度决定的。反弹速度的快慢可以分三种类型：①慢速球场（红土、三合土等其他黏土球场等）；②中速球场（水泥场地和沥青场地等）；③快速球场（天然草地、人造草地、塑胶场地、室内地板场地等）。当然，这样的分类只是大致划分，毕竟不同的土质在同样的黏土场地会产生不同的弹跳。相较而言，网球的场地越硬，则其表面越光滑，对球反弹的影响就越小。

网球的比赛场地一般分有硬式场地、沙土场地、草地场地、地毯场地四种。

1. 硬式场地

硬式场地大多指水泥场地、沥青场地和塑胶场地。

水泥场地或沥青场地主要由水泥或沥青铺垫而成，其造价不高、保养成本低、球速较快。但是，场地的地面粗糙，对球和球鞋磨损快，且场地较硬而容易对球员的关节造成疲劳和损伤。

塑胶场地在水泥和沥青的基础上铺设丙烯酸等塑胶面层，表面平整、耐磨，球的反弹非常规律且反弹速度快。现在多数网球场都采用这种材料，但其造价相对较高。

2. 沙土场地

沙土场地包括一般沙土场地和红土场地。

一般沙土场地由沙土碾压而成,材料简单、造价低、球速较慢,不易造成肌肉和关节的损伤,尤其适合老年人和少年、儿童练习,但需要经常洒水、碾压、画线等,保养成本较高。

红土场地不同于一般沙土场地,如法国网球公开赛、罗马大师赛均采用了红土场地。红土场地的材料和制造工艺复杂,保养成本亦高于一般沙土场地。

3. 草地场地

草地场地分为天然草皮球场和人工草皮球场。天然草地球场对草的品种、质量要求极其苛刻,且建造工序复杂,保养成本昂贵,受季节和气候影响明显,较难普及。

人造草地球场由人工化纤纤维编织黏结而成,内部充满石英砂,它可以在各种平整、坚固的地面上铺设,保养比较简单,击球的舒适度也较好。

4. 地毯场地

地毯场地又叫便携网球场,因其如同地毯一样可以卷起,包括其表面塑胶面层、尼龙编织面层等,只要铺装在平整坚实的地面上便可。其铺设简便,保养简单,在室内、室外甚至屋顶均可使用。

(二)场地规格

标准的网球场地是长方形,长度为23.77米,单打比赛场地的宽度为8.23米,双打比赛场地的宽度为10.97米。

场地由一条穿在钢丝上的球网在中间平均分隔两侧场地,球网通过钢丝两端挂在1.07米高的两根网柱上。球网充分展开后应填满两个网柱。球网孔洞大小不能使网球从中穿过。球网中心网带的高度为0.914米,球网中心用网带向下拉紧固定于地面,球网包裹钢丝的网带和中心网带都应是白色。球网钢丝绳的最大直径为0.8厘米,中心网带的宽度为5~6.35厘米。网球场地规格如图4-1所示。

科技助力下的网球竞赛

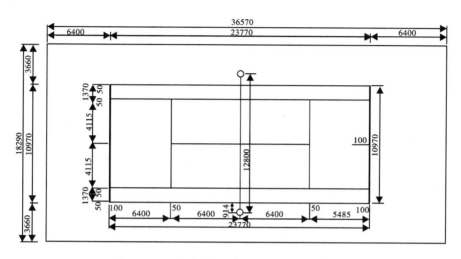

图4-1 网球标准场地规格（单位：毫米）

位于球场两端与球网平行的线叫作"底线"，场地两侧与球网垂直的线叫作"边线"。

双打比赛中，每侧网柱的中心应距双打场地的双打边线外沿0.914米。单打比赛中，如果使用单打球网，每侧网柱的中心应距单打场地的单打边线外沿0.914米。有很多单打比赛使用双打球网，需要单打支柱，用两根高1.07米的单打支柱支撑起球网来，每侧单打支柱的中心距单打场地的外沿0.914米。网柱的直径不应超过15厘米，单打支柱的边长不应超过7.5厘米或直径不应超过7.5厘米，网柱和单打支柱的上端不能超过网绳顶端2.5厘米。

在两条单打边线之间有两条平行于球网且距球网6.4米的线，这两条线叫作"发球线"。平行于单打边线外侧的两条边线叫作"双打边线"，单双打边线距离1.375米。在球网每一边的发球线和球网之间的区域，被一条发球中线分成相同的两个部分，称为"发球区"，发球中线应当和单打边线平行并且与两条边线的距离相等。发球中线对应两条底线上的两个点叫作"中点"，发球中线和中点标志的宽度为5厘米；中点标志在场地内并且和单打边线平行。除底线的最大宽度可以为10厘米外，场地其他所有线的宽度均介于2.5～5厘米。所有场地的测量都应以线的外沿为标准，所有场地上的线的颜色均必须相同，并且和场地的颜色有明显的区别。

· 95 ·

(三) 球

现在网球比赛所用的标准球为绿色或黄色,内部由橡胶制作而成,外附毛毡,接缝处没有缝线。球的直径为6.35～6.67厘米,重量为56.7～58.5克。球的弹力为从2.54米的高处自由落下时,能在硬地平面弹起1.35～1.47米高。在气温为20℃时,如果在球上加压8.165千克,向内形变应大于0.559厘米、小于0.737厘米,复原的平均值为0.89～1.08厘米。

这两种形变值是对球的三个轴方向所施的测试后得到数据的平均值。在每一种情况下,任意两个数据之间的差异不得超过0.076厘米。

比赛时,需要选用符合网球规则要求的网球:一是快速球,一般用于慢速球场;二是中速球,一般用于中速、快速球场;三是慢速球,一般用于快速球场;四是高海拔用球。具体规格见表4-1。

其中,中速球可以是有压球或无压球。无压球有内压且内压不得超过1磅/平方英寸(7000帕),并且还可以在规定的比赛海拔高度或高于该海拔高度存放60天。慢速球可用于海拔高度1219米以上的任何球速的场地。高海拔用球是一种有压球,只在海拔高度1219米以上的比赛中使用。

表4-1 不同规格的网球

项目	快速球	中速球	慢速球	高海拔用球
重量	56.0～59.4克 (1.975～2.095盎司)	56.0～59.4克 (1.975～2.095盎司)	56.0～59.4克 (1.975～2.095盎司)	56.0～59.4克 (1.975～2.095盎司)
直径	6.54～6.86厘米 (2.57～2.70英寸)	6.54～6.86厘米 (2.57～2.70英寸)	7.00～7.30厘米 (2.76～2.87英寸)	6.54～6.86厘米 (2.57～2.70英寸)

续表 4-1

项目	快速球	中速球	慢速球	高海拔用球
弹性	135～147 厘米 (53～58 英寸)	135～147 厘米 (53～58 英寸)	135～147 厘米 (53～58 英寸)	122～135 厘米 (48～53 英寸)
向内形变*	0.495～0.597 厘米 (0.195～0.235 英寸)	0.56～0.74 厘米 (0.22～0.29 英寸)	0.56～0.74 厘米 (0.22～0.29 英寸)	0.56～0.74 厘米 (0.22～0.29 英寸)
反弹形变*	0.673～0.914 厘米 (0.265～0.360 英寸)	0.80～1.08 厘米 (0.315～0.425 英寸)	0.80～1.08 厘米 (0.315～0.425 英寸)	0.80～1.08 厘米 (0.315～0.425 英寸)

＊向内形变和反弹形变的数据，是从球的三个垂直轴方向测试后得到的数据的平均值。任意两个数据之间的差异不得超过0.076厘米（0.03英寸）。

（四）球拍

网球拍主要有木质球拍、铝合金球拍、钢质球拍与合成材料（尼龙、石墨、碳素、钛等）球拍等多种，不同材料的指标与性能见表4-2。

最早的网球拍全是木制的。20世纪70年代开始，金属球拍逐渐取代木制球拍。20世纪80年代，碳素、石墨等新的合成材料被广泛运用于制造网球拍。新材料的应用使得网球拍重量变轻、震动变小、弹性变大、硬度增加。现在的球拍多用复合材料，如碳纤维、高刚性碳纤维、钛合金、克拉维纤维等，这使得网球拍更加耐用，从而具有更强的击球性能以及更舒适的手感。

表4-2 不同球拍材质的指标与性能

材质	硬度系数	强度系数	减震系数
高刚性碳纤维	10	10	5
钛	2.5	2.5	3
高张力碳纤维	8	7	4
克维拉纤维	2	10	7
碳纤维	5	8	4
玻璃纤维	1	6	4
高黏性糖聚合物	3	8	8
铝	2	4	1
木	1	1	10

现代网球拍的制作工艺使用了宇航材料，新技术、新材料的应用使得网球这项运动不断地向前发展。坚固的球拍增加了击球的稳定性，球员可以因此击出更快的球速，提高了对抗能力，产生了更多更先进的技战术。不同材质的球拍性能表现也不尽相同，所以在选择球拍时应根据自身的力量和打球类型选择软硬度适合的球拍。球拍的材质和适用范围见表4-3。

表4-3 球拍的材质和适用范围

材质	硬度	弹性	适用范围
石墨	较硬	一般	中等力量
搪瓷	非常硬	一般	中等力量
硼	极硬	差	技术型
玻璃纤维	不硬	较好	全面型
钛合金	硬	适中	全面型

不同硬度的球拍会产生不同的击球效果，虽然球拍自身的减震与硬度相关，但实际打球时也可以使用外挂的避震装置来部分缓解球拍对手臂的震动。只有硬度够高且避震效果出色的球拍才会被职业球员使用。各种材质的网球拍各有优缺点，网球爱好者应根据自己的技术水平、身

体素质、性别、年龄、经济状况等来选择合适的球拍。

20世纪90年代以来，碳素纤维合成的球拍被广泛应用。铝合金球拍价格便宜、耐用，比较适合初学网球者，而具备一定技术水平的选手一般都使用碳素纤维球拍。一般来说，儿童应选儿童专用的短球拍，随着身高、力量的增长逐步过渡为成人球拍。女士应该选择重量较轻且拍头轻的球拍（270～295克），男士应选择重量稍重的球拍（295～330克）。拍头重的球拍适合底线击球，拍头轻的球拍适合网前截击球。力量好的球员应选择重量稍重的球拍。

1. 拍面大小

正式比赛中所用的球拍应符合网球比赛的规则要求。

网球拍的拍面有多种规格，不同的拍面类型会有不同的特点，现在常用的球拍面积有以下三种。

（1）中等拍面球拍的穿线面积介于95～97平方英寸之间。

（2）中大拍面球拍的穿线面积介于98～105平方英寸之间。

（3）大拍面球拍的穿线面积大于105平方英寸。

不同的拍面有不同的特点和适用范围（表4-4）。总体而言，中等拍面球拍适合于力量型球员、专业球员与职业网球运动员，中大拍面球拍适合于全面型球员，而大拍面球拍适合于初学者、青少年和老年球员。球拍的拍面面积越小，则挥拍速度越快、击球越精准；球拍的拍面面积越大，则弹性越好、挥拍速度越慢。中等拍面球拍适合底线击球，大拍面球拍适合网前截击球。

表4-4 不同拍面的特点和适用范围

项目	中拍面球拍	中大拍面球拍	大拍面球拍	变形拍面球拍
特点	拍框小、甜点区域小、高磅数	拍框中等、甜点区域中等	拍框大、甜点区域大	拍框形状多样、甜点区域中等
适用范围	力量型球员、专业球员、职业网球运动员	全面型球员	初学者，青少年、老年球员	有一定水平的球员

市场上最普遍销售的网球拍的拍面面积为 95～115 平方英寸。不同的拍面大小对球员网球技术水平的发挥起着不同的作用。大拍面球拍有更大的容错性，甜点区域大，更容易将球击出。市场上最大的拍面在 135～138 平方英寸之间。这些球拍虽然具有良好的弹性，能够轻松将一些球送回，在业余比赛中使用是不错的选择；但是，拍面过大，挥动时受到的阻力也较大，使得球员在挥拍时缺乏速度，回过去的球也缺乏力度，球容易漂浮。另外，球拍拍面较大，整个拍的重量也会随之增加，使得球拍较重而缺乏灵活性。

通常来说，职业网球运动员的球拍拍面是相对较小的，并且拍框很薄。这是因为球拍拍面越小，则甜点区域越小。在挥拍时，击球的力量也就相对越集中，从而能够使得球员回球的速度也越快。而人们在日常健身锻炼过程中，为了容易打到球，往往会选用较大的拍面。职业网球运动员经过长期的训练，更加注重击球的速度和力量，所以职业网球运动员大多使用中等拍面的球拍。

部分女性球员也会使用中大拍面的球拍，因为只要控球良好、反应快，稍有基础的年轻或中年人都可以用中到中大的拍面。

我们可以看出，大拍面适合初学者、女性、老年人、少儿选手，其容错率高，即使没有击中中心位置也可以击出较大力量的球。但大拍面的缺点也很明显，如挥速慢、控球性能差。

2. **球拍拍框的厚度**

拍框的厚度对球拍性能也有很大影响。球拍拍框厚度一般在 22～34 毫米之间，越厚的拍框球拍硬度越大，力量也就越强，但对球的控制性则越弱。对于力量较好的球员一般会选用拍框薄一些的球拍。有些网球拍的拍框薄厚是不均匀的，拍头增加厚度提升了底线击球时的力量，球拍颈部加宽增加了击球的稳定性。也就是说，越厚的拍框的弹性越大，越薄的拍框的弹性较小。因此，初学者、中老年人、女性球员可选择拍框较宽的网球拍，而年轻人、男性球员则可以选拍框中等或偏薄的球拍。

3. **球拍的平衡点**

平衡点是指球拍杠杆原理的支点，是反映拍头轻重的标志，而拍头的轻重直接关系到击球的速度和力量。简单的测试球拍平衡的方法是，将球拍 1/2 处水平放置在椅背或稳定于地面的较窄附着面上，观察球拍。如果拍头下沉就是拍头重；反之，如拍柄下沉就是拍头轻；如果放置的位置能够使拍头和拍柄保持水平状态，这个位置就是平衡点。头重的球拍适合于底线抽球，适合底线型球员使用；拍头轻的球拍适合网前截击球，适合上网型球员使用；攻守兼备的全能型球员一般用较为平衡的球拍。

球拍出厂后，职业网球运动员有时会根据个人特点在球拍上放置加重片或加重块，通过调整球拍而适合其自身需求，以增加底线击球力量，同时兼具网前截击的反应速度。需要作出调整时，一般使用黏性铅条贴在拍框内侧来加重拍头，也可以贴在拍颈内侧而加重球拍的整体重量，或者贴在手柄内以减轻拍头重量。

4. 球拍的重量

网球拍的重量指未穿线的重量和穿线后的重量，有自重和挥重之分。球拍的重量和球员的力量成正比，球员力量越大，选择的球拍重量越大。

球拍的重量可以用盎司和克数表示，现在的球拍大量使用高科技复合材料制成，所以新式球拍整体趋于轻量化。轻型球拍在 280 克以下，中型球拍为 295 ~ 320 克，重型球拍在 330 克以上。

初学者和初级水平的球员，应选择宽拍框、拍面大面积而拍头轻的轻型球拍以便拥有更大的容错率，并可随着网球技术水平的提高逐渐更换中型球拍和减小拍头的尺寸。职业网球运动员的球拍一般是重型球拍，拍头更重，拍面更小。这有利于球员进行高强度对抗，打出更快的球速。

5. 握把规格

在选择网球拍时，拍柄尺寸大小也是重要的考虑因素。球拍的拍柄也称"握把"。网球拍有不同粗细的握把，这种设计是为了适合手掌大小不同的球员。如果球拍的握把不合适，必然会影响球员技术的发挥。过细的握把容易使手部疲劳，过粗的握把则容易失去对球拍的控制。因此，球员在选择网球拍时，应选择最适合自己的握把尺寸。

球拍的相关参数通常贴在球拍拍颈的外框或者内框上，一般标识有字母（L、SL、USL）和一位数字。字母指的是球拍的重量范围，其中，L 指球拍（含网线）重量在 335 克以上，SL 指球拍（含网线）重量为 320 ~ 335 克之间，USL 则指球拍（含网线）重量在 320 克以下。

字母后面的数字是以英寸为单位标识的拍柄周长,数字越大则表示拍柄越粗;反之,则越细。网球球拍的拍柄尺寸见表4-5。

表4-5 网球球拍的拍柄尺寸

拍柄号	拍柄尺寸/英寸	拍柄尺寸/厘米
2	$4\frac{1}{4}$	10.8
3	$4\frac{3}{8}$	11.1
4	$4\frac{1}{2}$	11.4
5	$4\frac{5}{8}$	11.7
6	$4\frac{3}{4}$	12
7	$4\frac{7}{8}$	12.3

选购球拍时,应根据球员本人手掌的大小来选择拍柄的尺寸。通常来说,可选择握把的周长约等于球员本人中指指尖到手掌第二掌线的长度,也可以根据正手握拍时手指与手掌间的距离进行选择。在正握好球拍后,中指手指尖与手掌间的距离正好一指的宽度为最佳。我国球员选用的拍柄尺寸一般不超过4号手柄。

随着现代网球装备的进步,吸汗带的出现使得球员可以自行调节握把的粗细。球员可以根据个人喜好和习惯,选择具体缠绕单层还是双层吸汗带。缠绕吸汗带时,球员可先在柄皮上缠一层吸汗带,然后正确握拍,再观察手指与手掌的距离,根据该距离的大小决定是否继续缠绕第二层吸汗带。

6. 球拍长度

除个别球拍的款式有所加长外,成人球拍的长度一般均为统一长度,即27英寸(约690毫米)。儿童球拍比成人球拍要短,有21英寸、23英寸、25英寸三种尺寸。选择儿童球拍一般是依据使用者的身高,选择成人球拍一般依据使用者的打法特点。如果球拍较长且平衡点靠后，则拍头较重，这样球拍的挥重也较重，虽然可以增加击球的力量，但是也会影响挥拍的灵活性。

7. 挥拍重量

比网球拍自身重量更加重要的是球拍的挥重（swing weight），它表示球拍在挥动时感受到的重量。影响挥拍重量的因素包括球拍的长度（length）、固定重量（stationary weight）和平衡点（balance）。球员在选择球拍时，挥拍重量的轻重应视自己的打球风格而定。如果是攻击型的底线型球员可选择挥拍重量较重的球拍，那些要求落点精准、对球的控制要求较高的球员可以选择挥拍重量轻的球拍。挥拍重量越重，需要的击球力量就越大。测量挥拍重量最好是使用球拍测量仪器（racquet diagnostic center，RDC），它将挥拍重量分成 0～999 个等级，数值越小，挥拍重量越轻。

需要注意的是，任何材质的球拍均可用于比赛，但是不符合相应规格的网球拍则不得用于比赛。具体而言，网球拍应符合以下四个方面的规定。

（1）网球拍的击球面必须是平的，拍线上下交替编织。每条拍线必须与拍框连接。

（2）网球拍的拍框和拍柄的总长不得超过73.66厘米（29英寸），拍框的总宽度不得超过31.75厘米（12.5英寸）。拍框内穿线平面的总长度不得超过39.37厘米（15.5英寸），总宽度不得超过29.21厘米（11.5英寸）。

（3）网球拍的拍框包括拍柄，不应有附属物或装置。如有附属物或装置，只限防磨条和加重片。

（4）在网球比赛期间，网球拍的拍框、拍柄和拍线不应有任何可实质上改变球员球拍形状的设备。

此外，球拍还有绕曲度/硬度（表示球拍击球时的变形量）等技术指标，这些指标主要为职业网球运动员提供，对一般业余球员影响不大。

二、网球服饰与礼仪

（一）网球服饰

1. 网球服装

网球服装色彩鲜艳、质地轻柔，有较好的排汗性能，是网球魅力的一部分。男装多为各种T恤、短裤，女装则是款式繁多的网球裙。

2. 网球鞋、网球袜

专业的网球鞋必须内芯柔软、中底坚固，不但可以保护脚，而且能增加脚部的力量。网球鞋舒适与否，主要取决于鞋底的性能。网球鞋的鞋底必须耐磨且适合各种制动功能，足弓位置有硬质材料固定，防止跑动中的急停转向并保护足弓。应根据不同场地选择不同类型的网球鞋，如平底鞋适用于室内，凸底鞋可用于草地，人字形鞋底可用于沙土或硬地。

球员穿着网球鞋、网球袜不仅美观，还能保护脚踝、脚跟和脆弱的跟腱。现在各专业厂商生产的专业网球袜都兼具美观和保护性能。

3. 护腕

弹性适中的护腕能起到固腕、加强手腕力度和防止腕关节损伤的作用。选择毛巾护腕可吸汗、保持手掌干燥，还可擦去面部和前额上的汗水等。当然，不同色彩、不同款式、不同品牌的护腕观感的整体效果也不尽相同。

4. 护肘

球员在打球时可以选用护肘来保护肘关节，既能减少肘关节的损伤、减轻肘关节的压力，又能减轻身体击球时的负担，预防网球肘，提高击球的效果。护肘的弹性应适中，以能缓解伤势而又不阻碍肘部运动为宜。

5. 头带

球员佩戴头带可以在打球过程中避免汗液流入眼睛，保持面部干爽。

（二）网球礼仪

1. 观赛礼仪

现代网球运动早已脱离了"贵族运动"范畴而变得平民化了，但依旧属于高雅运动，网球的内在文化贯穿于整个网球运动的精神层面。现在高级别职业比赛场内的工作人员身着统一服装，礼貌地引导每一位入场的观众。观看比赛的过程中，观众要遵守极其严格的赛场规则：迟到后须待单数局比赛结束球员休息时方可入场；比赛开始后，观众不得随意走动；每一分结束前，不能发出声音、不能叫好、不能鼓掌等。网球比赛的服务礼仪也造就了网球运动无与伦比的高雅气质。比赛开始后，由于观众不遵守观赛规则被主裁提醒的事情偶有发生，球员也会向裁判提出观众发出声音干扰击球的情况。网球的观赛礼仪主要包括以下五点。

（1）观看正式比赛时，应对号入座。

（2）观看比赛时，要动静有序：一分球结束后才可鼓掌叫好。当运动员进入准备发球时，则需要保持安静。

（3）对待裁判的任何判决都要给予尊重，不可起哄或辱骂裁判。

（4）确需在观众席上走动时，应在球员交换场地时，且要尽快离场。

（5）如向球星索要签名，应在比赛结束之后。

2. 球员的礼仪

（1）日常练球时应注意的礼仪。球滚到相邻球场时，要先观察情况再决定要不要去捡。需要观察隔壁场地打球者是否在击球，如在击球，则需要耐心等待他们的回合成为死球后，再去捡球。这样既是礼貌，也更加安全。如果有人帮你捡了球，需要说一声"谢谢"。在发球前，要观察对方有没有做好接球准备；如不观察而将球直接发出，则是不尊重对方的行为。当对方把球打出界时，要及时呼报以告诉对方所击的球是否落至界外。

（2）比赛时应具备的修养。球员参加比赛时，在赛前热身过程中，应当与对手互相配合练球，有义务满足对方的练习需求。不能干扰对方练习，只能用球拍击球，不可以用脚触球，不能摔球拍。

正式比赛的时候，下手发球是规则允许的，但是下手发球通常会被认为是对对方的不尊重。如果本方打出一记幸运球（lucky ball）而得分，不必太过于兴奋；如果因球擦网后，改变方向和速度而得分，可以举起球拍向对方示意以显示风度。如果对手打出了漂亮的得分球时，应为对手的好球拍手叫好。

比赛结束时，有些球员会将比赛用球用手抛扔给观众，但不可以用球拍大力将球击打上看台，以免砸伤观众。

如果对判罚有异议可以向当值主裁判提出，但最终都应当服从主裁判的判决。无论胜负，球员在比赛结束后都应主动与对手和裁判握手。

（3）网球比赛基本礼仪包括：①训练或比赛前，应向同伴问候、致意，赛后应相互握手致谢；②要等对手准备好后再发球，不可偷袭发球；③捡球时，应用手捡或用球拍与脚夹球，不可用脚去踢球；④应在球场两边进场或出场，切忌穿行网球场地；⑤着装应干净、整洁，以示尊重对方球员；⑥应绝对服从裁判员，也应相信对方球员；⑦对于对方的习惯性脚误应予提醒，但不可过分计较；⑧对方击出漂亮的球而得分时，应用手掌拍打网球拍面，以示赞赏；⑨不要辱骂、嘲笑对方，也不可以摔拍、扔拍、踢球等方式发泄不满；⑩当球击中对手或碰到网带等意外得分时，应举起手或球拍表示歉意；⑪比赛中，当对方球员突然摔倒或受伤时，应立刻跑到网前，以示关心。

三、网球运动常用术语

（一）网球常用术语

（1）拍面（racket face），指拍框内的拍弦部分面积。

（2）拍头（racket-head），包含拍框和拍面部分。

（3）开放式拍面（open face），指略微后仰的拍面。

（4）关闭式拍面（closed face），指略为前倾的拍面。

（5）开放式站位（open stance），指两脚左右分开、平行站立的方式。

（6）关闭式站位（closed stance），指两脚前后分开，纵向站立，两脚呈一条直线或前脚略超过后脚的站立方式。

（7）上升球（on the rise），指落地反弹后，还在继续上升的球。

（8）甜点（sweet spot），指位于拍弦中心部位的一个区域。在此区域击球,无论是手感,还是击球效果都很好,有一种舒适、甜蜜的感觉,故得此名。

(9) 击球点(contact point),指球拍击球时与球接触的位置。

(10) 弧形引拍(circular back-swing),指在向后引拍时,球拍由下向上划弧,宛如划一个"C"字。

(11) 直线引拍(fiat back-swing),指在向后引拍时,球拍直线后摆。

(12) 打近身球(approach),指朝着对方球员身体的方向击球。

(13) 破网(break point),指用直线、斜线及挑高球等方式使球穿过对方网前截击球员的情况。

(14) 反弹截击(half-volley),指使用底线击球者几乎在来球落地的同时,不等球弹跳起来就迅速将球截击回对方场区。

(15) 对拉(rally),指双方球员在底线用正手或反手连续抽球和回击。

(16) 深点球(deep ball),指将球击到比较靠近底线附近的区域。

(17) 通道(alley),指单打边线与双打边线之间的区域。

(18) 平分(deuce),指在一局中,比分达到40∶30后的所有相同比分,即40∶40(3∶3),以及之后又出现平分时的报分。

(19) 占先(advantage),指在3个平分后,即40∶40(3∶3)之后,领先的一方。

(20) 脚误(foot fault),指在发球时,球拍击中球之前,发球员的脚进入场地或踩到底线。

(21) 双误(double fault),指在一分中第一次发球失误后,第二次发球也失误。

(22) 局点(game point),指发球方再得一分即可赢下该局。

(23) 破发点(break point),指接发球方再得一分即可赢下该局实现破发。

(24) 盘点(set point),指一方选手再得一分即可赢下该盘。

(25) 赛点(match point),指一方选手再得一分即可赢下该场比赛。

107

（二）报分方式

(1) 15 比 0 (fifteen love)。
(2) 0 比 15 (love fifteen)。
(3) 30 比 0 (thirty love)。
(4) 0 比 30 (love thirty)。
(5) 40 比 0 (forty love)。
(6) 0 比 40 (love forty)。
(7) 15 平 (fifteen all)。
(8) 15 比 30 (fifteen thirty)。
(9) 30 比 15 (thirty fifteen)。
(10) 15 比 40 (fifteen forty)。
(11) 40 比 15 (forty fifteen)。
(12) 30 平 (thirty all)。
(13) 40 比 30 (forty thirty)。
(14) 30 比 40 (thirty forty)。
(15) 平分 (deuce)。
(16) 占先 (advantage)。
(17) 本局比赛结束 (game)。

四、其他形式的网球运动

（一）软式网球

1. 软式网球概述

软式网球 (soft tennis) 起源于日本, 已有 100 多年的历史。它是从草地网球 (lawn tennis) 派生出来的一项运动。

在日本明治维新初期, 西方的传教士、商人到日本传教行商, 同时把西方的经济、文化带到了日本。1889 年, 东京高等师范学校组织了第一个网球俱乐部, 但当时网球和球拍价格昂贵而且网球的消耗量大, 学生受经济条件所限, 购置比较困难。为了能把活动继续开展下去, 当时有人把作为玩具用的橡胶皮球代替网球以达到锻炼的目的。经过一段时间实践, 人们认为用橡胶皮球同样可以进行网球活动, 于是改良了球拍，竞赛规则也作出了相应的改变，由此便产生了软式网球运动。

日本把软式网球正式确定为体育运动项目是在明治三十年（1897年）。1922年，东京软式网球协会成立。1923年，日本举行了第一届全日本软式网球锦标赛。1924年，为了适应软式网球的发展需要，日本软式网球协会成立。1985年，日本的软式网球社会团体已有5530个，会员总人数达到85万人；非会员的软式网球运动爱好者约800万人。

20世纪30—40年代，日本人将软式网球带入我国东北地区，并在一些地方开展过这项运动，后来中断了。软式网球运动在我国开始兴起是在1986年，沈阳体育学院与日本东京女子体育大学建立了校际关系，把软式网球作为交流项目。为了促进软式网球运动在我国的推广，国家体委科教司于1986年夏天在北京体育学院举办了第一期全国软式网球训练班。1986年下半年，在国家体委有关部门的重视和扶持下，软式网球运动在包括北京体育学院在内的全国部分体育院校中迅速得到开展。1987年，我国成立了中国软式网球协会，国家体委原副主任张彩珍任该协会主席。中国软式网球协会决定，每年举行一次全国锦标赛；从1995年开始，又增设了全国青少年软式网球锦标赛和全国软式网球冠军赛两项赛事，这些举措为我国软式网球发展创造了良好的条件。

1990年，第11届亚运会在北京举行。随着软式网球在亚洲的迅猛发展，我国将软式网球列为第11届亚运会的表演项目，有16个国家和地区组队参加表演赛，我国软式网球男队、女队均获得团体赛并列第3名的好成绩，迎来了我国开展软式网球运动以来的第一个高潮。

经日本软式网球协会的推广，软式网球在韩国、中国、蒙古、菲律宾、泰国、哈萨克斯坦等亚洲国家和地区陆续开展。2007年的世界软式网球锦标赛，共有43个国家和地区参赛，其中匈牙利、美国、加拿大、德国和巴西等欧美国家也派队参加。现在的软式网球主要国际赛事有东亚运动会、亚洲锦标赛、亚运会以及世界锦标赛。但甚为遗憾的是，受诸多原因影响，软式网球至今未能成为奥运会的比赛项目，这极大地限制了该项目在全球的发展。

2. 软式网球的场地、器材

软式网球的场地与网球场地相同，有沙土地、硬地、室内地板地等。端线（即底线）和边线连成的区域为内场，内场以外的平坦地面称为外场。场上的附属设备有网柱、裁判椅、挡网、凳子等。球网为黑色，长度为12.65米，高度为1.06米，网孔边长为3.5厘米，球网上端用两片5～6厘米宽的白布包裹（穿钢丝绳用）。球网两端要和网柱密接，球网下沿与地面相连。

软式网球场地与网球的场地、器材不尽相同，主要区别如下。

（1）在2003年单打比赛规则修改之前，发球区中线不仅可以区分发球是否错区，而且可作为单打比赛的边线。

（2）在2003年单打比赛规则修改之前，发球区中线延长与端线的中点连成球场中线，球场中线将球场分成左右相等的两个半场，这两个半场构成单打比赛的场地。

（3）场面排水坡度。从场面中央到端线不得超过10厘米。

（4）与网球场地一样，外场是指场地周围的空地，它与比赛场地在同一个水平面上，用挡网围起，保证比赛不受场外影响。

（5）软式网球场地的外场宽度与网球场的外场宽度相等。

（6）球网中心的高度与两边网柱相同，为1.07米。

（7）球拍。软式网球的球拍（图4-2）比普通网球的球拍面积略小，重量更轻（260克左右）。两种网球拍所用的材料相同。早期的软式网球拍也是木质的，后来改用铝合金，之后发展成碳素纤维。球拍穿网线，拍框形状为椭圆形或方形，握把有8个面且形状较圆。

图4-2 软式网球拍

（8）球。软式网球（图4-3）比标准网球质地柔软，与标准网球大小相当，其直径为6.6厘米，重量为30～31克。软式网球是白色橡胶球，需要充气。充气后，当其从1.5米高处下落时，反弹高度为65～80厘米（国际标准为55～80厘米）。

图4-3 软式网球

3. 软式网球比赛

软式网球的比赛方式包括男子、女子的单打比赛、双打比赛以及混合双打比赛。与网球不同的是，软式网球的比赛计分双打采

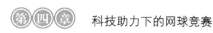

用九局五胜制，单打采用七局四胜制。由于软式网球的用球质地较软，落地后的反弹没有网球那么强烈，因此要打出高球速必须要发力击球。软式网球球速度慢、球较软的特点使得初学者和老年人比较容易上手。

4. 软式网球技术特点

软式网球质地较软，因而球员多采用西方式或半西方式握拍。软式网球正反手击球都使用同一个拍面。击球方式以平击球为主，网前拦网也以平击方式击球，削球会使球产生不规则形变，这也是软式网球中经常使用的技战术。

进行软式网球双打比赛时，一般两名队员采取一前一后站位，分前卫和后卫。前卫负责网前得分，一般在网前拦网和击打高压球；后卫负责在底线组织进攻，主要在底线击球，用抽球和挑高球调动对手，同时为本方前卫创造抢网的机会。前卫是双打比赛得分的关键位置。

（二）短式网球

1. 短式网球概述

随着网球运动的快速发展，为促进儿童参与网球运动，针对儿童身体发育的特点，并遵循相应的网球运动原理而产生了短式网球。儿童经过短式网球运动训练，可初步掌握相应网球运动的技战术，随着儿童的生长发育，他们可先使用不同级别的过渡球，之后再快速衔接标准的网球。

20世纪70年代，短式网球起源于瑞典，在欧洲流行后逐渐传至美国。现在，各国都会使用短式网球来作为儿童的网球启蒙训练。短式网球对于增加网球运动的人口基数，以及提高网球运动训练基础水平起到了积极的促进作用。也是短式网球的出现，使得普通网球运动训练更加多元化，克服枯燥的传统成人训练弊端，变成了有趣、简单且适合儿童的训练。短式网球运动场地占地面积较小且不受条件限制，器材相对较为简单，投入较少，深受广大教练员推崇。20世纪90年代，我国也引进了短式网球，并且逐渐在国内推广开来。

短式网球根据参与者的不同年龄、技术级别和场地略有调整，其大小可以是标准网球场的1/4，也可以是标准网球场的1/3。包括场地外的缓冲区域，球场一般长度为13.4米、宽度为6.1米，端线至挡网不少于4米，场地之间应间隔2米以上。短式网球场地一般设在室内，也可以设在室外。室外场地应该设置为南北朝向。

2. 短式网球的球和球拍

短式网球的最低级别网球是用高弹性泡沫塑料制成的,球体直径为7厘米,重量为14.5～15克。短式网球要比标准网球轻很多,体积却比标准网球要大,具有良好的弹性,其在飞行中受到的空气阻力相对较大,运行或落地后前冲力小。随着球员年龄的增长、身体的发育、力量的增强,用球可以进阶为无压力且较软的过渡球。过渡球的大小与标准网球相当,但其质量略轻,落地后弹跳不高。

短式网球球拍与标准网球球拍的形状、结构一致,但尺寸更小、重量更轻。短式网球球拍的长度一般分为47厘米、49厘米、55厘米、59厘米四种,重量在160～220克之间,每种球拍的重量和长度成正比例。鉴于球拍会直接影响以后的学习和技术的掌握,故应根据孩子身高、年龄、性别、手掌的大小、手腕的力量等来选择适合的球拍,而不能使用过长的成人球拍或超出自身力量负荷较重的球拍。

(三) 板式网球

20世纪50年代,板式网球起源于墨西哥,20世纪90年代开始在欧美国家快速流行并发展起来。1991年,西班牙板式网球联合会与乌拉圭板式网球联合会共同建立了国际板式网球联合会(International Padel Federation, IPF),总部设在西班牙马德里。现在,国际板式网球联合会已遍布南美洲、欧洲、亚洲,有超过30个会员。

1. 板式网球场地(图4-4)

板式网球场地的四面用玻璃围起来,地面铺设化纤地毯并填充石英砂。板式网球场地的面积为200平方米,长度为20米、宽度为10米,是缩小版的网球场。板式网球场地不设场外缓冲区,球员需要在场地内完成所有击球动作。

图4-4 板式网球的标准场地

2. 板式网球的球拍和球

板式网球球拍(图4-5)使用PVC材料和海绵制作而成。板式网球球拍的拍面没有拍线,而是由板材和海绵组成。板式网球球拍只有

65厘米长，这有利于提高初学者击球的准确性。

板式网球的用球就是普通的网球，唯一的区别是球内气压比普通网球略低，约为普通网球的2/3。网球弹力的减少增加了板式网球的回合数，提高了板式网球运动的趣味性。

图 4-5 板式网球球拍

3. 板式网球的规则

与标准网球运动一样，板式网球既可以在球落地一次后击打，也可以凌空击球，还可利用场地周围的玻璃墙让球反弹落地一次再击球。板式网球要在发球线后发球，但只能采用下手发球。板式网球的比赛采用五局三胜制，每局11分，每2分交换一次发球权。

第二节 网球运动的裁判方法解析

一、比赛规则

（一）单打比赛规则

（1）比赛双方球员应各自站在球网的一边，发球的球员叫发球方，另一边的接球员叫接球方。发球方必须在底线后中心标志和边线的假定延长线区域内发球，而接球方可在自己一侧场地任意位置上接球。

（2）挑边是在比赛开始之前，用掷硬币的方法来决定选择权，猜对硬币者可首先选择发球、接发球或者场地：如果先选择了场地，对方可选择首先发球或接发球；如果首先选择发球或接发球，则由对方选择场地。当然，也可放弃优先选择权，要求对方先行选择。

（3）发球方在发球前，应先站在底线后中心标志与边线假定延长线之间的区域内，用手将球向空中任何方向抛起，在球接触地面之前使用球拍击球。球拍在球落地之前接触球即算作完成一次发球。发球方发球时，不得抛起两个或两个以上的球，否则判重发。如果是故意的，则应判失误。

（4）发球方应在接球方准备好时（接球方做好准备姿势）才能发球。如接球方未做好准备，无论发出的球是否成功，均判为无效发球。

（5）每局比赛开始时，发球方应先从在底线后中心标志右侧（即右区）发球，一分结束后，换到中心标志左侧（即左区）发球，左右两区交替发球。即双方比分平分时在右区发球，双方比分有占先时在左区发球。如出现错区发球，应及时纠正。

（6）每局比赛结束后，比赛双发交换发球权，直到比赛结束。如发现发球顺序错误，应立即纠正，但发现错误前双方所得的分数有效。如一局比赛终了，才发现次序错误，则以后的发球次序就以该局为始，按规定轮换。

（7）每逢单数局结束比赛双方交换场地。如比赛双方在每盘的第一、第三、第五、第七等单数局结束后，每盘结束双方局数之和为单数时，以及决胜局比分为6和6的倍数时交换场地；如果一盘结束时，双方局数之和为双数则不交换场地，须待下一盘第一局结束后再进行交换。如果发生未按正常顺序交换场地的错误，一经发现应立即纠正，并应按原定顺序进行比赛。

（8）发球时，如果出现发球脚误（脚触及或超过底线）、挥拍后未击中球，或发出的球击中场地固定物，和第二次发球失误，均判"发球失误"。

（9）当球发出后触及球网、中心带、网边白布后，仍落到对方发球区内，以及当发出的球触及球网、中心带、网边白布后，在落地前触及接球员的身体，均判"发球无效"。

（10）在网球比赛中，如果出现以下九种情况均判失分：①两跳击球；②击球触及对方场区界线以外的地面，击中场地固定物；③接住来球或连击，指球员球拍拖带或接住球，或者球员有意（或无意）用球拍触球超过一次；④触网，指"活球"期间，球员的身体、球拍（不论是否握在手中）或身体着装的其他物件触及球网、网柱、单打支柱、绳或钢丝绳、中心带、网边白布；⑤球员用身体或将球拍抛出去击球；⑥一分进行中，球员故意改变球拍形状；⑦在网前接触对方球员未过网的来球，判为"过网击球"；⑧第一次发球失误后，本应在原发球位置进行第二次发球，若第一次发球失误后，发现发球区错误，则应按规定改在另一区发球，但只有一次发球机会；⑨球落在场地线外。

（二）双打比赛规则

网球单打比赛规则均适用于双打比赛。另外，网球双打比赛还有其特殊的规则。

（1）在每盘比赛开始第一个发球局时，由发球方决定哪名球员首先发球；同样，另一方则在第二局开始时决定由哪名球员首先发球；第三局由第一局发球方的搭档球员发球，第四局由第二局发球方的搭档球员发球，以后各局均按此顺序轮换发球。

（2）接球顺序。先接球的一方应在第一局开始时，决定哪名球员先接发球，并在这盘比赛中始终在这一位置接发。对方同样应在第二局开始时决定哪名球员先接发球，并在这盘比赛中始终在这一位置接发球。

（3）发球次序错误与接球次序错误。发球次序错误应在发现时立即纠正，但已获得的分数或已造成的失误均有效。如发现时这局比赛已经结束，此后发球次序就以该局为准轮流发球。发现接球次序错误后，仍按已错误的次序进行直至这局比赛结束，等到下一接球局再行纠正。

（三）比赛计分规则

1. 赛制

除大满贯男子单打比赛采用五盘三胜制外，其他职业网球比赛的男子双打、女子单打、女子双打和混合双打均采用三盘两胜制。有的预选赛采用抢八局或一盘无占先决胜制。

2. 局与盘

（1）每一局比赛中，球员每赢一球记为15分，先赢四球者胜一局。如遇双方各赢三球时，则为"平分"，比分记为40∶40。平分后，一方先赢一球时，为发球占先或接发球占先；占先者再赢一球，则本局比赛胜利。一局比赛中，如一方占先后，对方又赢一球，则比分回到平分。依此类推，直到一方在平分后净胜两球才能结束该局比赛。

（2）网球比赛一盘的基数局是六局，一方先胜六局为胜一盘。但遇双方各得五局时，有两种计分方法。

第一种，大满贯长盘决胜制局数为五平之后，须直至一方净胜两局才算胜一盘。

第二种，决胜局计分制用于每盘的双方局数为六平时采用一局决胜。先得七分者为该局及该盘胜利者。若决胜局中分数成六平时，比赛须直至一方净胜两分时止。决胜局第一分在平分区发球，第二分开始在占先区发球，每两分轮换发球。直到决出该局与该盘的胜负为止。如果发现从错误的区发球，应立即纠正错误的站位，但发球前已得的分数仍有效。球员应在每六分及决胜局结束时交换场地。双打决胜局发球时，双方也要轮换发球。决胜局计分制必须在比赛前宣布。

（四）比赛休息时间与指导规则

（1）第一次发球失误后，发球方必须不延误地开始第二次发球。

（2）接球方必须按发球方合理的速度进行比赛，当发球方准备发球时，接球方必须准备接球。

（3）交换场地期间。单数局结束后，交换场地和休息的时间不能超过90秒。

（4）男子比赛在第三盘比赛结束后，女子比赛在第二盘比赛结束后，双方球员可以有不超过10分钟的卫生间更换服装时间。

（5）国际网联下设的国际巡回赛和团体赛的组织者，可以规定分与分之间允许间歇的时间，但在任何时候，间歇的时间都不得超过30秒。

（6）一般情况下，不得暂停、延误比赛。但如果运动员受伤，裁判员可允许一次3分钟的医疗暂停。

（7）裁判员必须在比赛开始前宣布应给球员准备活动热身的时间，一般都在5分钟内。

二、竞赛方法

（一）单败淘汰制

1. 比赛顺序

当参赛球员人数是2、4、8、16、32、64、128等2的乘方数时，采取递进的淘汰制进行比赛。如果人数多于128，则可增加预选赛。当

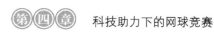

参加比赛的球员人数不是2的乘方数时，第一轮将有轮空位，以使比赛第二轮中没有空位，这样比赛才能顺利进行，一直到最后决赛，仅剩两名球员决出冠军。

轮空位数根据参加比赛的人数而定，例如，32号位的单淘汰比赛有27名运动员参赛，其中有5个轮空位置。与这5个号位相遇的球员，将直接参加第二轮比赛，他们和第一轮比赛的11名优胜者就形成了2的乘方数16。

轮空位先从两端开始排列，然后移向中间。第一个轮空号先从上端开始，第二个轮空号从下端开始，依此类推，对阵图的上下半区平均交替进行。例如，有27名运动员参赛时，就需要在第2号、第31号、第10号、第23号、第16号位上放置轮空。

2. 确定种子选手并编排号位

（1）网球比赛规程规定，确定种子选手应依据上一届同一比赛的名次。一般比赛中，每4～8人有一名种子选手，但种子选手最多不得超过16人。如果种子选手数量不够，则按已有种子选手数量，以抽签的形式来决定其他几个轮空位置。而双打比赛中，如非原配对选手，则其种子选手资格取消，除非另有明确规定。

（2）除1号、2号种子选手外，其他种子选手的号位根据抽签结果来决定。1号种子选手安置在对阵图的最上端，2号种子选手安置在对阵图的最下端。如果抽签决定3号种子选手在对阵图的上半区，那么4号种子选手的位置就应放在对阵图的下半区；若3号种子选手抽在对阵图的下半区，则4号种子选手应在对阵图的上半区。其余种子选手的位置，也应根据这一原则分别抽签确定。无论是职业比赛还是业余比赛，所有不同级别的网球比赛均应按上述规定执行。

（3）编排种子选手的号位。若共有16名球员抽签，其中有2名种子选手时，将1号种子选手编排在1号位上，将2号种子选手编排在16号位上。若共有32名球员抽签，其中有4名或3名种子选手时，将1号种子选手编排在1号位上，将2号种子选手编排在32号位上，将3号、4号种子选手按抽签结果分别定在9号位和24号位上。若共有64名球员抽签，其中有8名种子选手时，将1号、2号种子选手分别编排在1号位和64号位上，将3号、4号种子选手按抽签结果分别定在17号位和48号位上，将5号、6号、7号和8号种子选手按抽签结果分别定在 9 号位、56 号位、25 号位和 40 号位上。

（4）编排非种子选手的号位。种子选手先抽签，非种子选手后抽签。一旦选出种子选手并填写其号位，注明其号位所代表的轮空数，即可进行非种子选手的抽签。此时，可将所有剩余球员姓名按抽签的顺序，填入剩下的未被占据的号位上。

（5）避开原则。在代表国家参加的非职业网球比赛中，如果同一国家或同一地区有多名参赛选手时，应当按上述抽签程序编排好所有参赛选手的号位后，由竞赛组织委员会在第一轮按避开原则将同队的球员平均编排至不同的对阵半区。

（二）单循环赛制

若报名人数较少、场地较多、比赛日期较长，为了给参赛选手更多交流机会、更多场次比赛，则可以采用循环赛制。循环赛各队比赛次数均相等。

1. 轮数和比赛场数的计算

（1）轮数计算：

队或人数为偶数时，轮数 = 队（人）数 – 1；

队或人数为奇数时，轮数 = 队（人）数。

（2）比赛场数的计算公式：

$$比赛场数 = \frac{N(N-1)}{2}$$ （其中，N 为队数或者人数）

在筹备比赛时，比赛组织者可以根据场地数量来计算比赛轮数和场数，并估算出需要的比赛时间和裁判员人数，从而更好地制定比赛日程。这正是计算比赛轮数和场数的意义。

2. 比赛顺序的确定方法

比赛一般采用逆时针轮转方法。所谓逆时针轮转方法，就是先将 1 号位置固定不动，第一轮次序是将比赛队数的前一半号码依次写出，排在左侧，再将后一半号码，从下向上依次写出，排在右侧，并用横线将号码相连代表对阵双方。第二轮次序的轮转方法是 1 号位置固定不动，其他号码按逆时针方向轮转一个位置，即可排出第二轮比赛的顺序。第三轮次序按第二轮次序的位置，再逆时针轮转一次，依此类推，即可排出其他各轮比赛的顺序。

例如，有6队或6人参加比赛时，循环赛的轮次顺序见表4-6。

表4-6 循环赛的轮次顺序

第一轮	第二轮	第三轮	第四轮	第五轮
1—6	1—5	1—4	1—3	1—2
2—5	6—4	5—3	4—2	3—6
3—4	2—3	6—2	5—6	4—5

如果是5个队参加比赛，同样可以采用上表，只需将6号换成轮空（记为0号）。

如果是进行团体赛，可由两场单打、一场双打组成，采用三场两胜制；或者可由四场单打、一场双打组成，采用五场三胜制。每场可采用三盘两胜制或单盘决胜制。

3. 循环赛制决定名次方法

循环赛制须按获胜场数的多少决定名次，如积分相等，则按净胜盘数决定名次；若积分仍相等，则按净胜局数决定名次；若积分再相等，则按净胜分数决定名次。

（三）分组循环制

第一阶段根据参赛队伍或人数先分若干小组进行单循环赛，第二阶段将各组同名次的队或人进行单循环赛，排出全部名次。

（四）循环附加淘汰赛制

在一次竞赛的不同阶段，分别采用循环制和淘汰制两种方法的赛制称为"循环附加淘汰赛制"。采用这种制度决定胜负须把比赛分为两个或三个阶段。第一阶段若采用循环制，第二阶段则采用淘汰赛，最后阶段为附加赛决出所有名次。

三、裁判方法

网球比赛一般都设有裁判长，球员如对当值主裁判的判罚有异议并经过交涉而未解决时，可申请由裁判长解决。裁判长的判定即为最终判定。

比赛中，球员应尊重司线裁判的判罚。如果主裁判认为司线裁判明显误判时，主裁判有权纠正其判罚，则该分重赛。司线裁判在不能准确作出判定时，应立即向主裁判示意，由主裁判作出判定。如主裁判也无法对当时的具体情况作出判定时，可判该分重赛。

比赛中，裁判长有权对有争议的判罚作出更改，并有权指示当值主裁判罚该分重赛。

当裁判长认定因场地、气候等条件不能继续比赛时，可终止比赛。当比赛恢复进行时，双方球员原有的比分和方位仍然有效。

（一）裁判长职责

裁判长应由竞赛组织委员会推选。裁判长必须精通规则并能实施运用规则，能迅速对突发事件做出决定，并对其所采取的行动负完全责任。裁判长有权指定或更换主裁判、司线裁判。裁判长有权指定比赛的场地，有权决定球员在规定的时间比赛。裁判长有权判定无故不到场比赛的运动员或经过点名而不出场比赛的运动员为负方。

如果一场未进行完的比赛需重赛，主裁判可以在征得比赛双方的同意后，作出仲裁。如果主裁判表示自己不能作出裁决时，裁判长可以根据规则和现场情况判定任何得分。裁判长的决定为最终判定。

（二）主裁判职责

（1）主裁判要在比赛开始之前，仔细检查场地情况，其中包括检查球网高度和支柱的高度是否标准。在比赛过程中，如球员提出网高不标准，主裁判可以重新测量并调整。主裁判可以授权给司线裁判呼报发球失误、重发球、出界、击球犯规、脚误、两跳，也可以改判司线裁判的判罚。主裁判应在记分表或平板电脑计分器上记录分数，在球员询问比分或请求报分时，应报分。

（2）每一局和每一盘比赛结束，主裁判应呼报局数分和盘数分，并记录在记分表或计分器上。如果球员对司线裁判的判决有异议或有争执，并向主裁判提出申诉时，则由主裁判应按规则作出判决。主裁判应根据规则和裁判长的指示使用或更换新球。在特殊情况下，需要用新球或更换球时，在得到裁判长同意后，主裁判可以决定换球。

（3）主裁判对司线裁判的脚误判罚有异议时，可更改判罚结果，主裁判的改判即为最终判决，球员不得请求复议。比赛结束时，主裁判应宣布最终比赛结果，并在记分表上签字，将其提交到指定记录处。主裁判可以根据当时的光线、场地和气候等条件推迟比赛时间，需经过裁判长批准方可生效。主裁判就球的判断处理球员的交涉。球员要求更换衣物或上厕所需经主裁判同意并告知事项。决定其他比赛现场的执裁：①球员受伤后，进入医疗暂停比赛和医疗计时；②球员违反比赛准则的行为实施处罚；③安排球童；④维持现场和观众秩序；等等。

（三）司线裁判职责

（1）司线裁判需要在比赛中负责职责范围内的出界、脚误呼报，同时做出界内、界外的手势。如没有看清或无法作出判断也应给手势告知主裁判，主裁判则应呼报，或判定这一分球重赛。

（2）司网裁判员应坐在网柱旁主裁判对面的地方，其职责是观察球员发球是否擦网，或者穿网。随着科技的发展，现在电子设备已经代替了司网裁判员。

（3）脚误裁判员应非常熟悉脚误的规则。脚误裁判员正对底线而坐，兼顾观察底线球是否出界。在判决犯规时，必须大声呼报。

第三节　网球竞赛的科技手段运用

一、即时回放系统——"鹰眼"

"即时回放系统"就是我们所熟知的鹰眼系统，它由 8 个或者 10 个高速摄像头、4 台电脑和大型显示屏幕组成。即时回放系统的工作原理是先计算比赛场地内立体空间，利用计算机将空间分隔成毫米单位来测量，然后利用各个角度的高速摄像头同时捕捉球飞行的轨迹，通过电脑计算数据，将计算出的数据合成三维图像，最后利用即时成像技术，用不超过 10 秒钟的时长，通过大型显示屏幕呈现击球的轨迹和落点。

二、鹰眼系统的诞生和应用历史

鹰眼系统的诞生和广泛应用并不是一帆风顺的。2000年,发明人保罗·霍金斯发现网球比赛中经常出现争议球,球员对争议球的判罚有很大异议,这也是网球运动一直存在的问题。他由此得到启发,想通过影像捕捉技术来解决网球比赛中的争议问题。经过两年多的反复实验,他完成了这套技术的开发和测试。2003年开始,鹰眼系统在各大职业赛事,如四大网球公开赛、大师杯等世界顶级职业赛事中作为电视转播的辅助手段,为解说员和观众提供了新的观赛体验。在2006年3月的美国迈阿密网球大师赛上,鹰眼系统正式被应用在比赛中。随后,2006年8月美国网球公开赛正式使用鹰眼系统,这是第一个大满贯赛事使用鹰眼系统。2007年的澳大利亚网球公开赛、温布尔登网球公开赛和其他级别的比赛也陆续应用鹰眼系统,并且一直沿用至今。由于网球比赛多为室外比赛,鹰眼系统的准确性容易受自然环境比如风和温度等条件影响,但在经过不断完善后,现在已经不存在结果有误差的问题。大满贯赛事中只有法国网球公开赛没有使用鹰眼系统,这是因为红土场地比较松软,球落地后会产生球印。

三、鹰眼技术的规则

鹰眼系统的使用与否应根据比赛组委会的安排来决定,并需于开赛前公告本次比赛使用鹰眼系统。鹰眼的具体使用要根据辅助判罚的规则。

(1)鹰眼挑战的次数。2008年之前,每名球员每盘比赛都有两次挑战机会。从2008年起,规定每盘比赛中每名球员有三次鹰眼挑战机会,当进行决胜局抢七时应增加一次挑战机会。如果挑战成功,那么球员依旧保有挑战前的次数;如挑战失败,则要减去一次挑战机会。

(2)鹰眼挑战有两种情况。一种情况是当形成死球后,一方球员对判罚有异议时可立即向主裁判提出挑战;另一种情况是在双方击球过程中,一方球员认为对方击球出界未被判罚而产生怀疑时,可以停止击球立即提出挑战。

科技助力下的网球竞赛

(3) 相持球的判罚标准。一种情况是 A 球员击球被判罚出界，A 球员质疑并提出挑战，如即时回放显示出界，则判罚 A 球员失分并消耗一次挑战机会；如即时回放显示球落在界内，则需要主裁判判定。若对方球员有能力将球回击，则这一分重赛；若裁判判定对方球员无法回击，则判 A 球员得分。另一种情况是 B 球员击球被判定为界内好球，对方球员质疑并提出挑战。如即时回放显示球出界，则判 B 球员失分；如即时回放显示是界内好球，则认定对方主动放弃击球判定失分，判 B 球员得分。

主裁判根据鹰眼回放作出的判罚就是最终判罚，不可更改和申诉。若鹰眼系统出现故障，则视主裁判作出的判罚有效。

四、视频分析与互联网技术

（一）视频分析技术的功能

视频分析是科技发展作用于体育运动的有效手段。通过视频图像可以直接观察技术动作、战术风格，产生本体感觉。它是人们利用科技手段不断总结和创新网球技战术的途径。视频分析技术可以使球员在训练后，对训练中的技术动作表现进行客观的观察和总结，可以让教练员对训练效果进行科学、客观的分析。通过视频分析对相关数据进行详细的评价，可以更加直观地监测球员的表现，也可以激发球员改进技战术的信心。

视频分析技术在网球比赛中被普遍应用，如即时回放系统和数据统计系统等。科技的融入一方面使电视转播更加专业，可以实时提供双方球员的数据统计，观众可以直接了解双方的技术对比情况；另一方面，可以为分析机构和教练员提供详细的数据资料，对总结整场比赛球员的表现、分析技战术运用的合理性、了解体能的阶段消耗等，有着重要意义。

对于网球运动的图像视频处理系统来说，其主要的作用就是采集球员在网球训练和比赛中的实际情况，然后进行编辑，最终以播放的形式展现出来。在人类科技高速发展的今天，随着网络和计算机的发展，图像、视频在手持设备中快速传输得以实现，信息可以实时共享。图像、视频处理系统的主要作用，是对比赛现场以及球员在训练中的表现，通过计算机技术科学、客观地进行记录、分析和处理。球员和教练员通过掌握这些客观数据，利用其分析结果有效地提高球员的竞技水平。

（二）视频分析系统的应用

在人的肉眼观察受到局限时，视频分析系统的弥补作用就在训练和比赛中显现出来。教练员为了帮助球员了解比赛各项数据指标，有时要通过逐帧播放网球比赛视频，来仔细了解和观察整场比赛球员的技术动作、体能消耗、战术思想。这套系统对教练员和球员都有着十分重要的意义。

另外，在网球运动视频中，比较关键的参数还可以通过这种技术进行反馈和提取，以减少传统数据统计方法存在的误差，同时增强了技术评价的客观性，使教练员对球员的比赛表现评价更加真实、客观、有效。通过多次应用视频合成技术，教练员可以更好地对球员之间的技术动作以及水平差距进行比较，找出球员之间存在的各种差距，并在此基础上明确未来的改进方向。通过综合运用视频分析系统中的存储和分析功能，球员的关键技术环节可以在赛后的训练中反复强化。此外，还可以更好地掌握球员在不同训练时期的数据，客观地评价球员各种不同技术动作的实际熟练程度，为下次比赛中球员选择相关动作提供更加有价值的参考。

高效的视频分析系统可根据网球项目具体的特点实现硬件设计，通过视频信息的采集和播放使用相关的技术来有效实现。采用视频分析技术可以自动捕捉拍摄各个技术动作，保存相关的动作视频，同时也可以存储大量的动作视频，在实现拍摄的同时完成视频的采集与分析工作。因此它能在满足网球训练竞赛的要求的同时，获得十分理想的训练效果。

（三）5G移动互联网技术的应用

5G网络的普及使得万物互联，现在比赛赛况可以通过手机终端实时掌握，以避免过早候场或者错过比赛时间等。一些非职业赛事的组织委员会通过手机应用软件进行视频直播，这对网球项目推广和扩大赛事知名度都有良好的助力。另外，通过微信公众号公布比赛进程也是比赛通用的信息发布手段。这些应用都与互联网和移动技术密切相关。

第四节 智能网球场地与竞赛

一、网球竞赛场地规格

随着科技的不断进步，现在的网球场地如地面、球网、网柱等应用的材料也在不断地更新换代。网球场可分为室外和室内场地，各种不同材质面层的网球场有不同特性，且造价也不同。天然草地球场是室外球场，历史最悠久的大满贯赛事——温布尔登公开赛的中央球场建造了可开合屋顶，可以在短时间内关闭屋顶成为室内球场，从而不受天气影响。由于天然草地造价昂贵，维护成本太高，因而造价低且容易保养的人造草地已代替了天然草地。以法国网球公开赛和罗马大师赛为代表的红土球场在欧洲极为盛行。表层为丙烯酸的硬地球场是当前全球应用最广泛的网球场地，所以澳大利亚网球公开赛和美国网球公开赛两个大满贯赛事均使用硬地球场。另外，沙土球场普及率也较高。一般的标准网球场地，都采用多片场地并排建设，两片网球场地的双打边线距离最小不少于6米。室内多片网球场同时要满足端线的上空净高不能少于6.4米，场地内上空净高不能少于11.5米。

草地网球场是最传统且历史悠久的场地。球在草地球场落地时与地面的摩擦小，所以球的反弹速度快、反弹高度低，对球员的反应和技术动作要求较高，适合进攻型打法。

硬地网球场是最常见的球场。因硬地球场的维护成本较低，保有量大，故多数比赛都是在硬地球场进行。硬地网球场面层平整，弹跳均匀规律，适合全面型打法。

红土网球场也叫"软性球场"，其地面较软且具有缓冲性，球与地面摩擦系数大，故而球速较慢、弹跳高。红土网球场面层较滑，需要滑步，对于跑动有较高的要求，适合底线型打法。

地毯球场的表面是塑胶面层、尼龙编织面层等，不仅可以使用专用胶水铺设在水泥或沥青地面上，还可以铺设在室内地板上使用。地毯球场运输方便、铺设便捷，适合非永久性场地的使用。

二、硬地网球场地面的主要材料

硬地网球场地面材料主要包括三种。

第一种是硅 PU 网球场地面材料。这种材料适用于篮球场、网球场、羽毛球场、排球场等运动场，其特点是：①耐候性良好，并能长期保持其鲜艳的色泽。在正常使用情况下，可保持长达 5 年不变色。②能保证外观结构长期稳定，耐磨性好，可满足长期高频使用的需要。③不需要特殊养护，易于清洁，使用方便，性价比高。④抗腐蚀抗氧化能力强。

第二种是弹性丙烯酸网球场地面材料。这种材料适用于篮球场、网球场、羽毛球场、排球场等运动场，其结构可分为 7 层——粘线层、基层加强层、弹性基层、弹性层、填充层、面层、画线漆。该材质表面的球场使用寿命为 5～10 年或更长，在很大程度上满足了体育场地的需要，且维护方便，只需用高压水枪清洗地面即可。

第三种是硬地丙烯酸网球场地面材料。丙烯酸涂层是硬地球场常用的材料，它可以用在混凝土沥青地基上，被誉为最经济的休闲和专业网球场系统。它受到国际网球联合会认可，既适用于国际比赛场馆，也适用于篮球场、网球场、羽毛球场、排球场等运动场，具有色彩鲜艳、耐候性高、不易老化、使用寿命长、防晒性好、着色深、色彩持久、施工方便、对气候环境适应性强等特点。

三、智能网球场

智能网球场（图 4-6）是以色列公司在军方科技的基础上研发出来，作为提高教学、训练效果的科学手段。智能回放系统（鹰眼系统）由于造价昂贵，通常只用在国际顶级赛事中，而以色列公司制造的这套智能球场系统的成本只有鹰眼系统的 1/10，所以在欧美被大量采用。

智能球场安装有 5 个高清摄像头，配合了数字影像技术，可记录球员在场地训练情况和比赛情况。智能球场能准确地计算球员的发球速度，还能记录球员的跑动距离、失误次数、获胜次数，判断球员是否拼尽全力去接球，并将相关数据在电脑显示屏上直观地呈现出来。虽然智能球场分析数据的精度比鹰眼系统略低，但因其较低的成本，以及可以满足日常训练和比赛所需，受到不少专业人士和运动员的青睐。著名的职业网球运动员德约科维奇也使用这套智能球场进行系统训练。

图 4-6　智能网球场

（一）智能球场设计及工作原理

智能球场系统包括不固定边界的计算机系统、击球速度测量系统、击球转速测量系统、虚拟现实（virtual reality，VR）视频系统、高速摄像机、智能发球机、肌肉力量测量系统、天气模拟系统、捡球机器人等。这套为帮助网球球员改善动作、提高技术而设计的视频分析系统，通过不断完善而逐渐应用在其他球类运动中，其具有的低造价的优势，也使其有了广泛的应用前景。

智能球场是通过中央计算机系统控制，并根据单打或双打比赛的需要调节场地边界规格而进行工作的。计算机系统是智能球场的核心，控制智能球场所有系统的逻辑运算和运行。其中，击球速度测量系统负责收集球员的击球速度数据，转速测量系统负责测量球的飞行转动速度，通过以上数据来评测球员的击球效果。虚拟现实视频系统使教练员和球员可以立体地观看击球状态，用以观察球员跑动中的身体姿态和击球动作。智能发球机可以满足不同水平球员的训练需求，可以发出上旋球、下旋球，以及多角度、多变化的各种力量程度的球，同时可以通过数据库收集球员的击球数据，根据所模仿球员的击球习惯，为球员提供有针对性的训练和帮助。肌肉力量测量系统对球员身体能力作出判定，可以为教练员提供身体训练的参考值，为球员提供运动处方。另外，捡球机器人可以在训练中大量节省捡球的时间，使教练员和球员更专注于训练，提高效率。

（二）智能球场应用的必要性

传统的网球教学、训练方式主要由教练员的肉眼观察和经验分析后，对球员的技术动作进行指导；球员也只能根据本体感受来体会教练员的指导，通过重复训练来改进技术动作中存在的问题。这极大地限制了球员网球运动技术水平的提高。通过视频数据采集分析，可以全方位地观测球员的击球质量、跑动能力、进攻和防守技术细节，更系统地分析球员的所有相关数据，对比赛胜负的全过程没有遗漏。这相比传统的技战术分析方法更加有效。对于教练员指导训练、球员提高水平，智能球场均有着极大的优势和积极的作用。

第五章　网球运动体能的科学分析

第一节　网球运动力量素质研究

一、力量素质概述

网球运动的专项体能包括力量素质、速度素质、耐力素质、柔韧性和灵敏度等身体素质。虽然每个球员都存在个体差异，但是，如果要在不同情况下完成击球的最佳表现，则球员需要充沛的体能储备。力量是指能够举起或承担的重量。力量素质是体能构成的重要因素，是保障运动能力的基础素质，与其他运动素质有着密切的关系。通常情况下，按照不同的分类标准，可以对力量素质进行不同的类型划分。按照力量素质和运动关系划分，力量素质可以分为一般力量和专项力量，绝对力量和相对力量，快速力量和力量耐力。

二、培养力量素质的意义

在网球运动中，长期保持力量训练可以增加球员的骨密度，提高其肌肉力量，同时避免其单侧力量发展不均衡。相关研究表明，力量训练可以提升不同年龄阶段球员的力量素质。力量训练可以增加肌肉耐力，使球员在长时间的比赛中始终保持快速移动，完成合理的击球动作。爆发力的增强，可以使球员快速移动到位并快速击球；速度力量的增强，可以使球员挥拍速度更快，击出更具威胁的球；力量训练可以平衡球员的身体对称性，从而减少球员发生意外伤病的可能性。

三、力量素质训练的方法

在当今竞争激烈的职业网坛中，大多数国家相当重视青少年网球运动员的培养与发展。各国采取的具体应用策略是利用运动科学原理，使用仪器与测量方法，从体能、心理、技术等层面评估运动员的潜能和预测其未来发展趋势，并依据运动员各项相关检测数据拟定合理且有效的专项力量训练计划。

（一）上肢力量

1. 正握翻腕（图5-1）

采用坐姿或跪姿正握拉力器，掌心向下，肘关节支撑在训练椅上，通过翻腕动作上举拉力器，重复动作12～15次为1组，左右手臂交替完成练习3～5组。

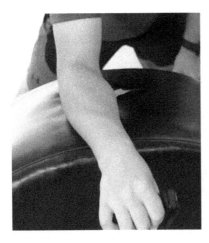

a. 正握　　　　　　　　　　b. 翻腕

图5-1　正握翻腕

2. 反握翻腕（图5-2）

采用坐姿或跪姿反握拉力器，掌心向上，肘关节支撑在训练椅上，通过翻腕动作上举拉力器，重复动作12～15次为1组，左右手臂交替完成练习3～5组。

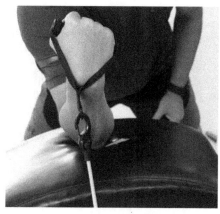

　　　　a. 反握　　　　　　　　　　　b. 翻腕

图 5-2　反握翻腕

3. 前臂旋内（图 5-3）

采用坐姿或站姿握拉力器，掌心向内，前臂内旋，慢速做抗阻练习。重复动作 12~15 次为 1 组，左右手臂交替完成练习 3~5 组。

　　　　a. 掌心向内　　　　　　　　　b. 前臂旋内

图 5-3　前臂旋内

4. 前臂旋外（图 5-4）

采用坐姿或站姿握拉力器，掌心向内，前臂外旋，慢速做抗阻练习。重复动作 12~15 次为 1 组，左右手臂交替完成练习 3~5 组。

a. 掌心向内　　　　　　　　b. 前臂旋外

图 5-4　前臂旋外

5. 拉力器下压（图 5-5）

双脚前后站立，双手握住拉力器，身体略前倾，背部伸直，肘关节保持 90 度，手臂伸直，将拉力器下拉至大腿前侧。重复动作 12～15 次为 1 组，练习 3～5 组。

a. 屈肘　　　　　　　　　　b. 伸直手臂

图 5-5　拉力器下压

6. 拉力器肩上屈伸（图 5-6）

双脚左右分开肩宽站立，单手握拉力器，肘关节 90 度手臂弯曲，保持肩膀稳定向上伸展，一侧手臂重复 10～12 次为 1 组，左右手臂交替完成 3～5 组。

a. 屈肘　　　　　　　　　　b. 伸直手臂

图 5-6　拉力器肩上屈伸

7. 二头肌屈伸（图 5-7）

双脚左右分开肩宽站立，双手握拉力器在身体两侧，屈肘举起拉力器达肩膀高度，保持身体稳定，12～15 次为 1 组，完成 3～5 组。

a. 伸直手臂　　　　　　　　b. 屈肘

图 5-7　二头肌屈伸

(二) 肩部力量

1. 拉力器前平举 (图 5-8)

双脚左右分开肩宽站立,双手正握拉力器在身体前侧,手臂向前伸直上举至肩膀高度,快上、慢放,重复 12~15 次为 1 组,完成 3~5 组。

a. 伸直手臂　　　　　　b. 水平上举

图 5-8　拉力器前平举

2. 拉力器侧平举 (图 5-9)

双脚左右分开肩宽站立,双手正握拉力器在身体两侧,手臂侧向伸直上举至肩膀高度,快上、慢放,重复 12~15 次为 1 组,完成 3~5 组。

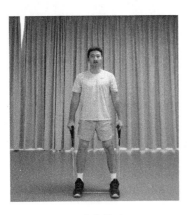 

a. 手臂伸直　　　　　　b. 两侧平举

图 5-9　拉力器侧平举

3. 俯身飞鸟（图5-10）

双脚前后站立，膝关节稍屈，上身前倾，腰背挺直，双手持拉力器上举至头部高度与上身平行，快上、慢下，重复12～15次为1组，完成3～5组。

a. 屈肘

b. 上举

图5-10　俯身飞鸟

4. 肩部外旋（图5-11）

双脚左右分开肩宽站立，单手握拉力器约肩膀高度且肘关节呈90度，前臂平行于地面，肩部旋外至前臂垂直于地面，快上、慢下。双臂交替重复12～15次为1组，完成3～5组。

a. 前臂平行于地面

b. 前臂垂直于地面

图5-11　肩部外旋

5. 肩部内旋（图5-12）

双脚左右分开肩宽站立，单手握拉力器约肩膀高度且肘关节呈90度，前臂垂直于地面，肩部旋内至前臂平行于地面，快下、慢上。双臂交替重复12～15次为1组，完成3～5组。

a. 前臂垂直于地面　　　　　　b. 前臂平行于地面

图5-12　肩部内旋

6. 肩部下拉（图5-13）

双脚左右分开肩宽站立，双手握拉力器，双臂同时向下拉至身体两侧，快下、慢上，重复12～15次为1组，完成3～5组。

a. 伸直手臂　　　　　　　　　b. 下压手臂

图5-13　肩部下拉

（三）胸部力量

1. 俯卧撑（图 5-14）

双手比肩略宽撑地，头部、躯干和下肢保持约呈一条直线，核心收紧，肘关节做屈伸动作，重复 12～15 次为 1 组，完成 3～5 组。

a. 起始动作/结束动作　　　　　　b. 中间动作

图 5-14　俯卧撑

2. 站姿前推（图 5-15）

双脚前后分开站立，双手握拉力器，肘关节呈 90 度，前臂水平于地面，向前伸展手臂至双臂伸直，慢回至开始位，重复 12～15 次为 1 组，完成 3～5 组。

a. 屈肘　　　　　　b. 向前伸直手臂

图 5-15　站姿前推

3. 卧推（图 5-16）

躺在卧推器上，双手比肩略宽，屈肘，推起杠铃，手臂伸直，屈臂慢下至胸前迅速上举至开始位。根据自身能力和力量选择杠铃的重量，根据强度确定组数。高强度（杠铃重量大）2～3 次为 1 组，中等强度（杠铃重量适中）6～8 次为 1 组，低强度（杠铃重量小）12～15 次为 1 组，完成 3～5 组。

a. 屈肘　　　　　　　　　b. 推起

图 5-16　卧推

（四）背部力量

1. 转体下拉（图 5-17）

内侧手握拉力器，转体的同时内侧手臂下拉至另一侧身体外侧。身体略微前倾，腰背挺直，膝盖微屈。单侧完成 10～12 次后换另一侧手臂。每侧手臂均完成 10～12 次为 1 组，完成 3～5 组。

a. 准备　　　　　　　　　b. 转体下拉

图 5-17　转体下拉

2. 俯身上拉（图 5-18）

双脚左右分开肩宽站立，膝盖微屈，身体前倾，腰背挺直，单手持拉力器下伸直后上拉至肩部斜上方。单侧完成 10～12 次后换另一侧手臂。每侧手臂均完成 10～12 次为 1 组，完成 3～5 组。

a. 俯身准备

b. 直臂斜上拉

图 5-18 俯身上拉

（五）核心力量

1. 仰卧起坐（图 5-19）

平躺，双臂在头部两侧，手扶头部，双脚踏在地面使膝盖弯曲，收缩腹部起身并使肘关节触碰膝关节，30～40 次为 1 组，完成 3～5 组。

a. 仰卧

b. 肘关节触膝

图 5-19 仰卧起坐

2. 仰卧侧卷腹（图5-20）

平躺，双臂在头部两侧，手扶头部，膝部弯曲准备；收缩腹部使双脚离地并使对侧肘关节触碰膝关节，右肘碰左膝，左肘碰右膝。双侧交替进行30～40次为1组，完成3～5组。

a. 仰卧

b. 肘关节触膝

图5-20　仰卧侧卷腹

3. 仰卧两头起（图5-21）

平躺地面，双臂伸直上举过头顶，收缩腹部带动双腿和手臂同时向天花板并互相触碰。12～15次为1组，完成3～5组。

a. 仰卧展臂

b. 收腹起身

图5-21　仰卧两头起

4. 平板支撑（图5-22）

俯卧，手肘撑地，头部、躯干和下肢约呈一条直线。保持该姿势，计时练习。1～2分钟为1组，完成3～5组。

图 5-22　平板支撑

5. 背部静力两头起（图 5-23）

俯卧地面，双臂伸直上举过头顶，收缩背肌使上身和腿部离地，保持姿势，计时练习。30～60 秒为 1 组，完成 3～5 组。

图 5-23　背部静力两头起

6. 背部两头起（图 5-24）

俯卧地面，双臂在头部两侧伸直上举，收缩背肌使上身和腿部同时离地，慢慢放松再迅速收缩背肌，反复练习。20～30 次为 1 组，完成 3～5 组。

a. 俯卧　　　　　　　　　　　　b. 背起

图 5-24　背部两头起

7. 跪撑两头起（图 5-25）

俯卧跪撑地面，收缩背肌使对侧的手臂和腿交替上举，上举保持 1～2 秒，换侧重复练习。单侧 15 次为 1 组，完成 3～5 组。

a. 跪撑　　　　　　　　　　　　b. 对侧上举

c. 跪撑　　　　　　　　　　　　d. 换侧上举

图 5-25　跪撑两头起

（六）腿部力量

1. 深蹲（图 5-26）

双脚左右分开略宽于肩膀，脚尖向前略呈外"八"字，腰背挺直，臀部下沉，缓慢下蹲使髋关节低于膝关节，膝盖不能超过脚尖，迅速蹬地回到起始位置，可负重，也可徒手练习。20 次为 1 组，完成 3~5 组。

a. 正视图　　　　　　　　　b. 侧视图

图 5-26　深蹲

2. 臀桥（图 5-27）

平躺于地面，腿部弯曲，双脚蹬地使臀部和腰部抬起，头部、肩部和双脚撑地，保持姿势，进行 1 分钟计时练习。1 分钟为 1 组，完成 3~5 组。

图 5-27　臀桥

3. 单腿臀桥（图 5-28）

平躺于地面，腿部弯曲，单脚撑地，抬起一侧腿斜上伸直，保持两条大腿相互平行，头部、肩部和单脚撑地，保持姿势进行 1 分钟计时练习。然后换腿练习。单侧 30 秒为 1 组，完成 3～5 组。

图 5-28　单腿臀桥

4. **弓步下蹲**（图 5-29）

双脚展开与肩同宽准备；单腿跨向前方，身体重心移至前腿，前腿成 90 度弯曲，前腿蹬地回到准备姿势。换另一侧腿练习。练习过程中，上身应始终保持正直，前腿膝盖不能超过脚尖，蹬地回位要迅速，可负重，也可徒手练习。两腿交替练习。单腿 12～15 次为 1 组，完成 3～5 组。

a. 跨出弓步　　　　　　　　b. 换腿弓步下蹲

图 5-29　弓步下蹲

5. **侧弓步**（图 5-30）

双脚展开与肩同宽准备；单腿跨向侧方，身体重心移至跨出腿，形成侧弓步状，跨出腿蹬地回到准备姿势。换另一侧腿练习。练习过程中，蹬地回位要迅速，两腿交替练习，可负重，也可徒手练习。单腿12～15次为1组，完成3～5组。

图 5-30　侧弓步

6. 纵跳（图 5-31）

面对30厘米以上高台或跳跃箱（可以用多层垫子代替），双脚同时起跳并落到箱子上，然后跳下回到原位。重复练习。12～15次为1组，完成3～5组。箱子或高台的高度根据自身弹跳能力进行选择。

a. 准备　　　　　　　　　　　　b. 跳上台子

图 5-31　纵跳

7. 提踵（图 5-32）

单脚站立，尽量提高脚后跟，重复练习。单脚提踵熟练后可不借助支撑，保持平衡的同时连续提踵，以达到锻炼小腿力量的最佳效果。单侧 30 次为 1 组，完成 3～5 组。

a. 准备动作/结束动作

b. 中间动作

图 5-32　提踵

第二节　网球运动速度素质研究

一、速度素质概述

速度素质是机体或机体某一部位快速运动的能力，具体来说包括三个方面：一是人体对各种信号刺激（声、光、触）的快速应答能力，即反应速度；二是机体的某一部分快速完成某一单个动作的能力，或机体完成成套动作的能力，即动作速度；三是机体在运动中，单位时间内完成周期快速运动的能力，即位移速度。速度素质是基本素质之一，在体能训练中占有非常重要的地位。

二、培养速度素质的意义

网球是一项有氧兼无氧的快慢节奏多变的运动，回球的准备时间需要根据对方击球的速度、角度、力量、旋转来决定。这需要球员能够向场地各个方向快速移动,在急停急转中改变运动方向,保持身体平衡,合理地大力击球。因此,速度素质在网球运动中是很重要的素质。研究发现,一些球员所具备的快速的身体素质是与生俱来的,但所有的球员都能够通过训练肌肉与神经系统而提高速度素质。可见,网球速度素质的训练和培养能对球员网球技战术的完美发挥能起到积极的促进作用。

三、速度素质训练的方法

(一)反应速度训练方法

球员要想有效发展和提升反应速度,可采用的训练方法主要有以下六种。

训练方法一:进行原地小步跑、后踢腿跑或高抬腿跑训练。训练时,应在听到提示音或看到手势时,迅速做快速跑练习。为了保证理想的训练效果,需要按照上述方法进行5组训练。

训练方法二:进行行进间小步跑、后踢腿跑或高抬腿跑训练。训练时,应在听到提示音或看到手势时突然加速跑。为了保证理想的训练效果,需要按照上述方法反复进行多次训练。

训练方法三:进行行进间转身加速跑训练。训练时,应在听到提示音或看到手势时突然转身向前加速跑。为了保证理想的训练效果,需要按照上述方法反复进行多次训练。

训练方法四:进行行进间小步跑训练。训练时,应在听到提示音或看到手势时变后踢腿跑,再变高抬腿跑,最后冲刺跑。为了保证理想的训练效果,需要按照上述方法反复进行多次训练。

训练方法五:行进间听口令多次往返跑训练。训练时,应在听到提示音或看到手势时多次往返跑。为了保证理想的训练效果,需要按照上述方法反复进行多次训练。向前冲刺听口令折返,或横向移动听口令往返,8~10次折返为1组,完成3~5组。

训练方法六:行进间听口令变向移动训练。听到提示音或看到手势时,连续进行前后左右快速变向移动训练。为了保证理想的训练效果,需要按照上述方法反复进行多次训练。

（二）动作速度训练方法

球员要想提高动作速度，可以通过以下三种方法进行训练。

训练方法一：原地快速挥拍练习。原地准备，正反拍各进行10次最快速度挥拍。为保证达到理想训练效果，重复5组挥拍练习。

训练方法二：正反手交替挥拍练习。正反手交替挥拍10～20次为1组，完成5组练习。

训练方法三：球拍加重挥拍练习。将球拍加重，正手或反手挥拍20次为1组，正手与反手挥拍各完成5组练习。

（三）移动速度训练方法

球员要想发展和提升其移动速度，可以借助于以下方法进行训练。

训练方法一：进行30米反复跑、50米反复跑、100米变速跑训练。为了保证理想的训练效果，可以反复进行多次训练。

训练方法二：进行斜坡向上或向下冲刺跑训练。为了保证理想的训练效果，可以反复进行多次训练。

训练方法三：进行原地快速高抬腿跑训练。为了保证理想的训练效果，可以反复进行多次训练。

训练方法四：进行各种网球移动步法连续快速训练。为了保证理想的训练效果，可以反复进行多次训练。

训练方法五：场内往返移动训练，此项训练又包含下面四种训练方式。

（1）7点移动（图5-33）：球员从网球场的底线中点位置起动，按逆时针顺序分别跑至途中箭头指向的线端的点，每跑1个点都要折回底线中点，以脚触地或手触地为准。制动时，球员应降低身体重心，快速转体并移动身体重心。每跑完7个点为1组，每次完成3～5组练习。

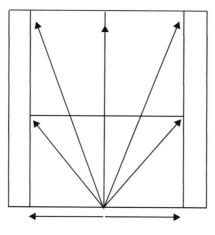

图 5-33　7 点移动示意

（2）口令折返跑（图 5-34）：这是一种多人或单人横向移动的训练方法。训练时，球员站在场地中线上，听从教练员的口令向单打或双打线移动，至边线时调整步法、降低重心使手触地后快速折返。

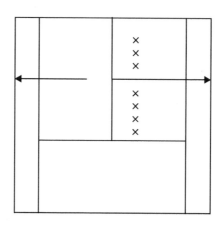

图 5-34　口令折返跑示意

（3）遇线折返跑（图 5-35）：球员从网球场的双打线出发，遇线进行折返跑，跑至对侧双打线为 1 组。跑动顺序为"双打线—单打线—双打线—中线—单打线—对侧单打线—中线—对侧双打线—对侧单打线—对侧双打线"，手或脚触线即可折返。此项训练可多人或单人练习，每次完成 3～5 组练习。

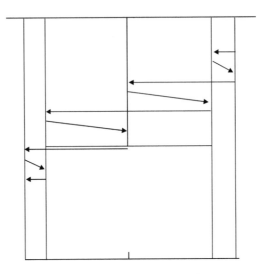

图 5-35 遇线折返跑示意

(4)"米"字跑训练(图 5-36):球员在网球场内发球 T 点位置启动,按逆时针顺序依次跑至图中箭头端线处,以脚或手触地后迅速折返回到 T 点位置,最终完成"米"字跑。此项训练可全部采用冲刺跑,也可在横向移动时采用交叉步,在纵深移动时采用向用前后跑动的步法完成。每次完成 3~5 组练习。

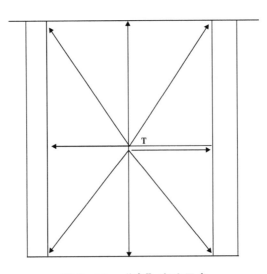

图 5-36 "米"字跑示意

网球运动体能的科学分析

训练方法六：快速蹬踏运动，在踏板或台阶处，降低身体重心，上身略微前倾，双脚连续交替快速蹬踏台阶或踏板。也可以采用平躺练习，双脚在空中蹬踏。

训练方法七：高抬腿。两腿快速交替抬起，膝关节尽量向上，至大腿与地面平行。

训练方法八：后踢腿。行进间上体保持正直、膝关节弯曲，双手放于臀部，用脚后跟向后踢，触碰手掌。可使后踢的频率逐渐加快以得到高强度的练习。

训练方法九：小步跑。上身保持正直，前脚掌触地的小跑，依靠踝关节的灵活性快速连续交替腿跑，膝关节尽量不抬高。可以跟随提示音的节奏练习，也可以负重练习。

训练方法十：交叉步。上体保持正直，两腿在体前交叉，快速向侧面移动。也可以在侧向移动时，一条腿在另一条腿前交叉，保持两腿前后位置，前后腿可以不交替，即只做前交叉或只做后交叉。

训练方法十一：侧向移动组合练习。例如，做两个侧向移动的练习组合，交叉步结合滑步，保持较高速度，以训练身体保持速度的能力，控制训练时长。

训练方法十二：绳梯。将绳梯放在地面，练习时应降低身体重心，膝关节微屈，快速跑过梯子。可以做垫步、交叉步、横向和纵向小碎步移动等练习，也可以做单脚跳跃或双脚跳跃练习。

训练方法十三：侧滑步。上身保持正直，斜前方滑步练习2～3步，则转换方向，快速向侧面滑动。到达端线后，迅速折返向斜后方做侧滑步练习，同样练习2～3步转换方向。

训练方法十四：抗阻力跑。教练员用一根弹力带套在球员的腰部，球员抗阻向前跑动。也可以向侧面滑步或向后做抗阻跑练习。

练习方法十五：手投发球。球员跪在垫子上，腰腹部保持紧张，以发球动作向对面场地投掷球。尽量使用最大力量投球，并进行多组练习。

练习方法十六：对墙投球。球员双手持药球或健身球，站在距墙壁3米内的位置，采用下手投球，做模拟底线击球的转体动作。

第三节　网球运动柔韧性素质研究

一、柔韧性素质概述

柔韧性素质是指机体各个关节活动范围，以及肌肉、韧带的伸展能力，也是机体关节最大幅度完成专项动作的能力。通常情况下，可以将柔韧性素质分为两种类型：一种是一般柔韧素质，另一种是专项柔韧素质。前者是指球员在进行训练时，保证一般训练完成动作进行所需要的柔韧性；后者则是指专项运动技术动作特殊需要的柔韧性素质，它是在一般柔韧性素质基础上建立起来，并由各专项运动的生物力学结构决定的。

二、培养柔韧性素质的意义

作为运动的一项重要身体素质，柔韧性素质是掌握和运用战术所必须具备的身体活动能力。网球运动对球员的柔韧性素质有很高的要求。正确地进行柔韧性素质训练，能使球员的运动技术水平得到有效的提升，进而有效创造优异的运动成绩。

此外，在网球运动中，球员的柔韧性素质对于其技战术的改进也有着重要的作用，从而使网球运动技术水平的提高得到有力的保证。关节柔韧性素质差会对力量及速度、协调性产生限制作用，使肌肉协调性有所下降，并对其他运动素质的发展产生一定的影响，而这也是一些运动损伤发生的原因。由此可见，进行柔韧性训练对提高网球专项技术水平有着非常重要的意义。

三、柔韧性素质训练的方法

（一）单人训练

1. 肩部训练

双脚开立，伸直手臂，双手固定在固定物上，上身做向下拉伸动作。数次下振后将肩压至极限并静止15～20秒。训练时，要注意逐渐加大振动幅度。

2. 分腿半蹲转肩训练

两脚分开宽于肩膀站立，屈膝外展成半蹲，两手扶膝盖，向左转肩90度，还原后再向右转肩90度，左右反复训练。训练时，应保持两腿静止不动，转肩要充分。

3. 扩胸振臂训练

两脚开立，两臂于胸前平屈，手心朝下用力后振，然后两臂前伸，手心向上翻转，用力向两侧后振，反复训练。训练时，为强化训练效果，应逐渐增加训练的强度。

4. 上下振臂训练

两脚开立，一臂上举，对侧手臂向下，同时用力向后振臂。两臂交换上下，反复练习。训练时，为强化训练效果，应逐渐增加训练的强度。

5. 站立体前屈训练

双脚并拢，两手向下伸展或抱住踝关节，腰背放松，要求膝关节伸直，并逐渐增加振动幅度。

6. 体后屈

双脚肩宽开立，上体后屈，脚跟提起，双手向后伸展，后屈时挺腹。训练时，应注意保持身体平衡。

7. 体侧屈训练

双脚站开，两手腹前五指交叉翻掌上举，同时身体重心侧移，一条腿伸直，另一条腿脚尖侧点地，上体侧屈做侧振动作，振到最大幅度时静止15～20秒。训练时，应注意左右侧交换训练，侧振时身体应保持前后直体，不得弓背或后挺。

8. 前弓步压腿训练

两腿成前弓步姿势，两手扶膝，身体下振，数次后换腿再做，两腿交替进行。要求前腿膝关节不能超过脚尖，后腿充分蹬直，脚后跟不离地，上体保持正直，并逐渐增加振幅。

9. 侧压腿训练

一侧腿伸直、另一侧腿全蹲，伸直侧腿的脚跟着地，全蹲腿的前脚掌着地，做振动压腿。两腿交换训练。练习时，侧伸腿要直，并逐渐增加振幅。

10. 体前屈训练

双脚并拢站立，双手手掌向下尽量触地，膝关节不能弯曲，也可双手抱住踝关节后侧或小腿振动使上身靠近双腿。可逐渐增加练习强度，头靠近双腿要保持 10 秒钟以上。

（二）双人压肩训练

两人面对分腿站立成体前屈，两手均扶住对方的肩膀，两人一起做上体同时下振动作。练习时，要求腿部不能弯曲。此外，双人也可做左右侧压肩的动作训练。

第四节　网球运动灵敏度素质研究

一、灵敏度素质概述

灵敏度素质是指机体快速、准确、协调、有效地完成突然做出动作的能力。灵敏度可分为一般灵敏度和专项灵敏度。一般灵敏度是在一般活动中快速准确完成各种动作的能力，而专项灵敏度则是在专门的运动中迅速、准确、协调地完成各种技战术动作的能力。专项灵敏度是建立在一般灵敏度的基础之上的。

二、培养灵敏度素质的意义

灵敏度素质是机体的运动能力和神经反射综合的表现。在网球运动中，灵敏度素质具有非常重要的作用。灵敏度好能够使球员在快速移动到击球位置时保持良好的身体平衡。网球运动需要球员经常在突然变化的情况下调整好身体姿态，准确、灵活、稳定地完成每一次击球动作。由此可见，培养身体灵敏度是提高网球运动竞技水平的必要措施，以达到每次击球动作的一致。此外，从生理学的相关研究中可以发现，在不经过专项练习的情况下，极少人的关节能够达到专项运动所需要的灵敏度。由于网球运动对球员身体协调性的要求很高，因此，球员进行足够的灵敏度素质训练至关重要。

三、灵敏度素质训练的方法

（一）单人训练

1. "十"字交换跳训练

双脚并拢，在地面上做小幅度的前后左右"十"字交换跳。交换的频率越快越好，15秒为1组。

2. 踢腿训练

单腿摆腿前踢，对侧腿支撑，对侧手臂反向摆动后触及摆腿脚尖。行进间踢腿，两步或三步一踢。

3. 跳起空中抱腿训练

原地双脚跳起，腾空后收腹吸腿，双手抱膝，下落时还原。

4. 蹲撑直腿交换跳训练

从蹲撑开始，左右腿依次做直腿交换跳动作。20次为1组。

5. 顺逆跑训练

运动员围成一个圆圈，手拉手顺时针跑（身体半向右转）。反复做，快速变向做，每次20秒。

6. 急跑急停训练

从双打端线起动跑到发球中线，后退跑回双打线；再跑向对侧双打线，然后退至发球中线；再次跑向对侧双打线结束。整个训练要急跑急停。

7. 闪躲跑训练

网球场地每隔 5 米放一标志物，球员在一端线后，快速跑向另一端线的同时闪避标志物。进行计时练习。

8. 单腿跳跃摆腿训练

一腿支撑跳，另一腿前后摆，两腿交换进行。要求双臂上举前后摆，向前摆时手应触及脚面。

9. 各种方向的跳跃训练

向前单、双足跳，向后单、双足跳，旋转 180 度、360 度跳，向侧（左或右）单、双足跳。

10. 信号冲刺跑训练

边线外准备，可面向场内、背向场内、俯卧准备、跪姿准备，听信号迅速启动，冲刺跑向对面边线。也可以在边线外连续做俯卧撑、小碎步、收腹跳、高抬腿等动作，收到信号后迅速向对面边线做冲刺跑。

（二）双人训练

1. 跟随跑训练

两人一组，对面站立，间距 2 米。先出发者滑步向一侧快速移动，跟随者快速滑步朝同一方向移动。前者改变方向后者需快速改变方向跟随。30 秒为 1 组，两人交换出发顺序后再次进行。

2. 对墙截击训练

球员面对墙并距墙 2～3 米站立，教练员连续向墙送球，球员根据来球选择正拍或反拍截击。20 个球为 1 组。

3. 传接球训练

两人一组，一人向左右前后不同方向、不同距离传抛球（篮球、排球或网球），另一人快速移动将球接住传回。两人交替进行，30 秒为 1 组。

4. 钻越人障碍训练

两人一组，每人配备一张低凳。甲在低凳上做俯卧撑动作，乙从甲身下钻过，做 5～10 次后，两人交换位置练习。进行该训练时，钻入障碍者切勿起身过早，以免碰撞到同伴。

为增加该训练的趣味性，可以采用计时比赛形式进行，也可不借助低凳，直接在地面做俯卧撑，以增加训练难度。

（三）组合跳绳训练

跳绳训练有多种方式，如多人跳绳、单人跳绳，单脚跳绳、换脚跳绳、单摇跳绳、双摇跳绳等。练习时，身体重心应始终放在前脚掌，可以模拟在击球中的发力模式，前脚掌始终触地练习。在跳绳过程中，可正摇、反摇、双摇，可计时练习，也可计数练习，每次2～5分钟。

第五节 网球运动耐力素质研究

一、耐力素质概述

耐力素质指的是有机体保持长时间运动，并克服运动过程中产生的疲劳的能力。按照运动标准不同，可以对耐力素质进行不同的分类。较为常见的分类有：以活动持续时间为依据，可将耐力分为短时间耐力、中等时间耐力和长时间耐力；以氧代谢特征为依据，可将耐力分为有氧耐力和无氧耐力；以动员肌群数量即身体活动部位为依据，可将耐力分为局部耐力和全身耐力；以肌肉工作性质为依据，可将耐力分为静力性耐力和动力性耐力；以组织器官系统不同为依据，则可将耐力分为心血管耐力和肌肉耐力。

二、培养耐力素质的意义

在网球场上避免受伤的方式是用健康的身体去打网球，而不是通过网球运动来获得健康的身体。从生理学的相关研究中发现，久坐的人有氧运动能力每10年下降10%；而其通过网球耐力素质训练，有氧运动能力能够达到每20年只降低5%。开展网球耐力素质训练能在很大程度上提高人的身体素质，使健康水平得到提升，由于网球运动而引起的运动损伤也能得到有效避免。

在网球运动中，即使是在红土场地上，大多数得分都在10秒钟以内完成；而在硬地，两名实力相当的球员平均每次得分都是在 5 秒以内完成。在这段时间内，每一次这样短时间的爆发运动都需要以耐力素质作为支撑。此外，在网球比赛中，球员在每一分之间都会有 25 秒或 30 秒的休息间隔，在每单数局之间有 90 秒的休息时间。如果球员耐力素质较弱，那么就很容易感到疲劳，而网球比赛通常会持续很长时间，这也对球员耐力素质提出了更高的要求。由此可见，进行网球运动的耐力素质训练与培养是非常重要且必要的。

三、耐力素质训练的方法

（一）跑动类训练

1. 折返跑

可将球员分组，进行网球场地双打边线折返跑，3 个来回为 1 组，完成 4 组。

2. 中长跑

在田径场或规划的路线进行 3000 米跑训练。

3. 越野跑

选择车辆少的路段或步道进行越野跑训练。

4. 变速跑

例如，进行 1500 米变速跑训练，直道时，全速跑；弯道时，慢跑。

5. 短距变速跑

可采用各种形式进行短距离的加速跑和慢跑（或者走）交替的变速跑。先加速跑 30 米，再慢跑 50 米；或在田径场先直道加速跑，再弯道慢速跑；或先弯道慢速跑，再直道加速跑。

（二）跳跃类训练

1. 跳绳

进行跳绳训练。如采用 3 分钟跳绳方法，每分钟 80～100 次。

2. 12 分钟跑

12 分钟跑是指通过增加在 12 分钟内的最大奔跑距离来锻炼一般耐力素质的练习方式。要注意使球员保持适宜的训练负荷，心率控制在每分钟 140～170 次，即为最大强度的 75%～85%。

3. 蹬地跨步跳训练

在网球场地的左右双打边线间做跨步跳练习，2个来回为1组。

4. 原地跨步跳训练

两脚左右开立，左腿蹬地，右腿向右跨步，然后右腿蹬地，左腿向左跨步，左右腿依次连续进行。每组左右两腿各跨30次，也可在网球场地单双打线上练习。

5. 连续跳高台训练

在楼梯或看台上做双脚连续跳上高台的训练。如跳楼梯练习则每组为40次，如跳看台练习则每组为20次，完成10组。

（三）组合训练

可在训练过程中加入专项步法，如小碎步接冲刺跑、侧滑步接冲刺跑、倒退跑接转身冲刺跑。为了保证理想的训练效果，可反复进行多次训练。

第六章　科技对网球运动员心理素质影响

第一节　网球运动员心理素质的训练原则

网球运动是对球员综合能力要求极高的运动项目，其中，心理素质水平是影响球员获得比赛胜利的重要因素。球员在同等技战术水平和身体素质情况下的比赛中能否发挥出最佳水平，往往取决于其心理素质的好坏。心理素质是可以通过专门的训练来提高的。

在进行相应的心理训练之前，需要对球员的心理能力、个性特征和心理状态等方面进行分析和评定。球员的心理评判具有两方面的重要意义：一方面，它能够在一定程度上对球员即将进行的行动及其效果进行预测；另一方面，在此基础上，可以对球员进行有针对性的训练，使训练达到最佳效果。总之，球员进行必要的心理评判并进行心理素质训练，能使其在比赛中更好地发挥自身的能力，取得优异的成绩。

一、网球运动心理素质特征

（一）球员心理特征

通过心理学测试方法对球员的知觉、注意力、记忆力、思维、反应速度等方面形成球员心理过程的特征进行判断。一般采用实验室实验和自然实验的方法进行诊断。

（二）球员个性特征

球员个性特征的诊断内容主要包括气质类型、性格类型及特征、动机水平及态度等。进行诊断和评定时，通常会使用各种心理学问卷和量表，也可借助相应的仪器设备。

（三）球员心理状态

心理状态是指在一定时间内人的全部心理活动的总特征。心理活动与一定的心理过程、个性特征和生理心理机能相联系，其中以情感过程的心理特征为主要内容。

需要注意的是，球员的心理状态是处于不断的变化中的，在比赛前后，会表现出不同的心理状态。因此，在进行心理诊断时，应注意其在不同阶段的心理状态的变化。

二、网球运动心理素质训练的原则和要求

（一）心理素质训练的原则

球员的心理训练必须遵循一定的网球运动训练规律，以达到相应的训练效果。如果没有科学的指导，训练结果往往差强人意。因此，在进行网球运动相关的心理素质训练时，应该遵循以下几点原则。

1. 自觉积极性原则

积极良好的态度是取得良好训练效果的决定性因素。因此，在这一过程中，教练员应该向球员认真地贯彻和讲解进行心理训练的目的、作用和意义，并详细说明其所应用的方法和具体的内容，从而使球员能够进行自我分析、调节和控制，调动球员参与的积极性。

2. 全面系统原则

心理训练的全面性原则要求球员的心理训练必须与球员的身体训练和技战术训练紧密结合，同时，在训练时还要与球员的智能训练有机结合起来。需要注意的是，心理训练的内容应该包括心理训练的各个方面，即心理过程、心理状态、个性特征等都应给予积极的影响。

3. 区别对待原则

身体素质的训练要求对球员区别对待，在进行心理素质训练时也应该坚持这一原则。球员的心理具有个性化特征，不同球员之间有较大的差别，心理素质的优缺点也各有不同。采用有针对性的方式区别对待之，是取得良好的训练效果的保证。

4. 循序渐进性和重复性原则

训练要讲求科学性，不仅要循序渐进，还要做到有规律的重复。在进行心理训练时，对于球员的各项要求、标准应该从易到难，形成逐步提高的过程。如果训练的难度对于运动员来说太大，则可能会使球员产生畏惧和退缩的情绪，从而对于心理训练造成一定的负面影响。

另外，如果中断训练，某些心理素质水平就可能下降，因此，心理训练需要周期性重复练习，以使球员的心理素质在反复锤炼中不断提高。

5. 持之以恒原则

和身体训练一样，球员的心理训练也是必须长期坚持的。球员只有在不断地学习、实践和体会中，才能得到逐步巩固和提高。进行两三天的突击训练是不会产生明显效果的，只有经过一段时间的反复训练才能见效。教练员在训练中应该充分认识这条规律，切忌急于求成、急功近利；同时，球员也必须具有一定的毅力，长期坚持心理素质的学习和训练，才能达到相应的效果。

6. 长期训练和短期训练相结合原则

心理训练既要使球员在比赛中克服各种心理障碍，也要使球员形成良好的人生态度和价值观。这就需要在进行训练时，坚持短期训练和长期训练相结合。长期训练能够使球员的各项心理素质得到全面的提高，而短期训练能够使球员在比赛中拥有更好的心理素质来应对挑战。两者之间是密不可分的，只有将两者更好地结合才能使心理训练收到更好的效果。

（二）心理素质训练的要求

心理素质训练是网球训练必不可少的组成部分，它不仅能使球员的心理过程不断完善，还能使球员的身体素质和技战术能力得到全面提高。

1. 结合体能的心理素质训练

网球运动心理素质训练应结合体能训练的身体训练进行。因为球员在比赛中总是伴随着激烈的对抗，而且这一趋势在不断加强，这就要求球员在激烈对抗的环境下保持良好的心理素质。艰苦的体能训练是培养球员目标设定能力，培养坚韧、顽强的意志品质最有效的方法和手段。

2. 结合技术的心理素质训练

网球技术是球员训练的重要的内容,在任何时期、任何阶段都要坚持不懈。心理素质训练的过程能拓展球员的思路和创造性,是对专项技术的重要补充,它是为技术训练服务的。在训练过程中,球员要充分了解心理素质对网球技术的完善和发展作用。

3. 结合战术的心理素质训练

球员网球战术训练的心理素质训练中一项重要内容是对思维的训练培养。战术训练和心理素质训练相互结合能够培养球员的战术意识。球员在比赛过程中观察、判断和技术的合理运用等活动都需要借助一定的心理参与。

第二节 科技手段在网球运动员心理素质训练中的应用

一、生物反馈训练

生物反馈训练是球员在放松训练的基础上,借助现代化电子仪器显示机体的生理活动信息(如血压升降、心率快慢等),球员根据自己的生理活动信息进行学习,使生理活动朝着要求的方向变化。一段时间的生物反馈训练且放松达到一定效果后,球员应逐渐摆脱对反馈仪的依赖,凭自己的感觉进行身心活动的放松。生物反馈主要包括脑电反馈、肌电反馈、皮电反馈、心率反馈、血压反馈、皮温反馈等,下面介绍前三种常用的反馈方式。

(一)脑电反馈

脑电反馈是将传感器接触球员头部不同的位置来测定其神经和细胞活动,并通过对电势的不断变化(放大、减少、移动位置)显示大脑皮层复杂交流信号的振幅和频率变化。脑电反馈的工作机制比较复杂,且受球员头发的影响,不容易控制电极的安放,因此脑电反馈相对其他生物反馈方式的使用频次较少。

（二）肌电反馈

生物化学研究表明，机体的细胞受细胞活动（细胞正离子和负离子的运动）的影响，在去极化和再极化的作用下会产生生物电活动，多个肌细胞在兴奋或静息时的综合生物电变化就是肌电。肌肉状态（松弛或紧张）与肌电之间存在着一定的线性关系，因此，可以通过肌电反馈仪来测量机体的肌肉变化，从而呈现机体肌肉的紧张程度和情绪的兴奋程度。由于肌电反馈敏感、迅速，因而肌电反馈是训练球员心理素质最常用的反馈训练之一。

（三）皮电反馈

皮电反馈即皮肤电反馈，主要通过皮电反馈仪对皮肤汗腺活动变化的测定，反映球员机体交感神经系统活动性的变化。例如，球员在安静的状态下突然听到刺耳的声音时，可以通过皮电反馈仪观察到球员皮电阻的显著上升。由于皮电反馈能够非常迅速、敏感地反映球员的紧张情绪状态的变化，因此，在球员心理技能训练中也经常使用。

二、模拟训练

有针对性地模拟训练是结合实战中发生的情况而进行的反复练习。通过模拟训练使球员能够适应各种实战场景，保证其各项技术以及制定的相关战术在多变的、激烈的比赛情境中能够正常地发挥。

模拟训练能够使球员的心理发展与外界环境发生一定的适应性改变。在这一过程中，球员在意识中形成处置方式的定型，从而使球员的心理在真实比赛中保持一定的稳定状态。

根据比赛和训练的实战需求，可以将模拟训练分类实施：一种是场景模拟，另一种是语言图像模拟。场景模拟即设置比赛的情景和条件对球员进行相应的训练；语言图像模拟则是通过语言刺激和观看图像刺激，使球员体验比赛实际可能出现的状况。模拟训练时，可以通过模拟对手的比赛风格、技术和战术特点等，以充分了解对手的行为特点及相关特征，找出相应的应对策略；也可进行不同起点的比赛，如从15：40的比分预设条件下开始比赛，锻炼其在落后的条件下沉着冷静的心理品质；还可以对外界的相关因素进行模拟，如裁判误判和观众呐喊的情况等，训练球员对情绪的自控能力。

模拟训练应根据运动项目特点及其比赛规则、比赛实际和球员特点有针对性地进行选择。在网球比赛训练过程中，模拟训练的模拟对象、模拟内容、训练目的见表6-1。

表6-1 模拟训练分析

模拟对象	模拟内容	训练目的
对手	模拟对手的技术、战术特点	了解对手，增加球员对对手技战术的适应性
比赛关键情境	模拟固定比赛情境（如盘点或赛点机会球等）和动态比赛情境（如比分领先、落后、相持等）	帮助球员克服在关键时刻的紧张情绪，提高心理状态的稳定性
裁判员	裁判员的错判、误判和漏判	培养球员对裁判员的尊重、适应裁判员的各类判罚；培养球员情绪控制能力和专注度控制能力
观众	观众的鲜明态度和立场（如激烈呼喊声和喝倒彩等）	培养球员在不安静或不公正的气氛中进行比赛的能力
地理环境	气温、湿度、气压、风力、风向等（如高原训练、高温训练）	提高球员适应不同地理环境的能力
时差	倒时差	提高球员对时差的适应能力

三、表象训练

表象训练是常用的心理素质训练方法之一，即通过想象或意想，使球员在头脑中逐步完善比赛场景，在想象中完成比赛中的动作及技战术，从而从思想层面巩固战术意识，增强信心和自我调控能力。

（一）表象训练的原理

（1）心理训练的理论层面。神经-肌肉理论认为，大脑运动中枢和骨骼肌之间存在着双向神经联系，机体在进行动作表象时会引起相应的运动中枢的兴奋，兴奋也能引起相应肌肉的活动。因此，基于神经-肌肉运动理论，可多次激发来加深记忆和强化心理图式，通过表象训练促进球员运动技能的提高。

（2）符号学习理论。符号学习理论认为，表象训练是球员在大脑中建立活动图式，并将活动进程进行符号编码以形成程序的过程。因此，球员反复进行表象训练的过程就是反复熟悉活动程序的过程、将获得序列和环节再现的过程，并能优化序列组合发展为最佳活动程序，进而达到提高运动技能的目的。

（二）表象训练的程序

（1）介绍表象知识，使球员了解运动表象的特点及作用。

（2）测定表象能力，了解球员的表象控制能力并进行评分，确定表象训练的主要任务。

（3）训练基础表象，提高球员的感觉感知能力，深刻理解表象，可以对表象实施控制。

（4）结合运动专项进行针对性的表象训练。

（三）表象训练的实施

1. 基础表象训练的实施

（1）感知能力训练。利用记忆中的经验，创造出可控形象并对这些形象进行操纵。在训练实践中，球员感受（看、听、触）到的信息越多，意识越清晰，体验也越真切，如光着脚在操场上慢走。球员应将注意力专注于各种动作体验上。

（2）表象清晰性训练。表象清晰性训练要求球员尽量充分利用自己所有的感觉体验，生动、真实地进行表象演练。在训练实践中，可以通过手掌观察练习（观察手掌纹路的深浅、粗细、走向、交叉等特征后，闭上眼睛仔细回忆）、冰袋练习（想象受伤伤部的感觉、以冰袋冰敷伤部的感觉以及冰袋拿开后伤部的感觉）、提桶练习（想象提空桶的感觉、桶中倒一点水的感觉、桶中再倒一些水的感觉以及水桶放下后的感觉)等方法进行训练。

(3) 表象控制力训练。表象控制力训练主要训练个体改变、操控和调节表象的能力。在训练实践中，可以通过比率练习(个体想象自己熟悉的朋友真实的形象、将其按比例缩小的形象、按比例放大的形象)、木块练习(想象将一块六面都涂有红漆的正方体木块平均切开一次的红面个数、再平均切开一次的红面个数)等方法进行训练。

2. 针对性表象训练的实施

针对性表象训练是结合运动专项进行的表象训练，可根据不同动作技能、训练阶段、训练目的和不同的球员个体设计相应的表象训练法及程序，以提高训练的效果。一般情况下，针对性表象训练应从放松练习开始进行，且时间不宜太长。

四、合理情绪训练

美国心理学家阿尔伯特·艾利斯(Albert Ellis)创立了合理情绪训练，其主要目的是帮助人们养成更实际的生活哲学，减少情绪困扰与自我挫败，学会正确面对和处理困难。

(一) 合理情绪训练的原理

合理情绪训练的原理是 ABC 理论，其中，字母 A 代表诱发性事件，字母 B 代表个体在遇到诱发事件后产生的心理活动，字母 C 代表个体受事件影响的情绪及行为反应。该理论认为，人的情绪并非由某一事件引起，而是由经历该事件的人产生的心理波动引起的。

在现实生活中，人的认知不同，对事件的信念也不同。因此，合理情绪训练就是以理性治疗非理性，帮助球员识别合理的和不合理的思维、识别合理的和不合理的信念，以合理的思维代替不合理思维、以合理的信念代替不合理的信念，从而降低不合理思维和信念的不良影响、减少不良情绪和行为反应。

合理情绪训练的程序包括四个步骤：①找出使球员产生紧张情绪的诱发事件；②分析球员对诱发事件的心理状态，研究诱发事件和球员心理活动之间的关系，帮助球员认识产生异常情绪的原因；③扩展球员的思维，辩论、动摇并摒弃不合理信念；④减少或消除不良情绪，使球员的思维更加合理、积极，最终摆脱困扰，改善情绪和行为反应。

（二）合理情绪训练的实施

1. 与不合理信念辩论

与不合理信念辩论是指导者向球员所持有的不合理信念进行挑战和质疑，动摇球员的不合理信念的过程。辩论可以使用质疑式和夸张式两种提问方法进行，从而使球员主动思考，发现自身问题、改变错误认知，直至放弃不合理信念。

2. 认知家庭作业

人的认知具有规律性。球员有不合理的信念并非偶然形成的，从当面质疑、辩论，到改变认知需要一个过程。因此，指导者应当给球员充足的思考时间，让球员进行思考。指导者可以通过布置认知家庭作业，促使球员在面谈后仍能继续思考，为下次谈话打好基础。

3. 合理情绪想象

合理的情绪想象指球员通过理性思考想象和体验自己不适应的情境，用想象代替现实，然后再适应现实。停止想象后，球员应认真分析自己在想象过程中的成功与失败，从而纠正不合理信念和消极情绪，强化合理信念与积极情绪。

4. 角色扮演

角色扮演也是与不合理信念进行辩论的方式之一。在进行角色扮演时，指导者与球员角色互换，换位思考可使球员认识到自己存在的不合理思维和信念，并通过自我反驳和自我质疑改变这些错误的思维方式与信念，最终建立合理信念。

五、比赛周期心理训练

（一）赛前心理调节

赛前心理训练的任务是为比赛做好充分的心理准备，使球员克服心理方面的不适应性，提高自我调节和控制的能力，为将要进行的比赛做好心理基础。赛前心理训练要从比赛的具体情境出发，对球员赛前的具

科技对网球运动员心理素质影响

体心理状况有针对性地进行心理训练，主要的训练内容有比赛动机训练、自我认知训练、心理适应训练、消除心理障碍的训练，并做好比赛准备，消除赛前出现的各种心理问题。

球员赛前的心理状态可分过度兴奋型和冷漠型两大类。过度兴奋型球员容易失去自我控制能力，心理相对处于亢奋中，在比赛中的动作和战术比较紊乱；冷漠型球员的状态表现为兴奋不强，易产生无力、低沉、松弛等特征。具体而言，球员在比赛之前的不良心理状态主要有以下四种。

1. 赛前焦虑状态

赛前的焦虑指球员在比赛开始前的一段时间内生理反应失调，具体表现为吃饭、睡觉不安稳、呼吸不畅、心跳加速等；而心理上，则表现为注意力不集中、急躁易怒、坐卧不安、动作僵硬、兴奋过度等。

2. 赛前抑郁状态

赛前抑郁状态表现为球员对比赛态度消极，缺乏积极向上的精神，失去获胜的欲望，逃避竞争，专注度下降，呈现对比赛冷淡的心理状态。球员在这种不良情绪的影响下信心不足、怀疑自己。同时，其还会表现出反应变慢、睡眠质量下降、没有食欲。由于过往的比赛中表现不佳或自身期望与现实落差较大，人们常会产生上述缺乏自信心的状态。

3. 虚假自信状态

虚假自信是球员在心理上的恐惧或认知上有片面性的反应，主要表现为话语强硬，但是内心缺乏自信。教练员要善于引导和教育，认真分析球员的心理特点，端正其对比赛的态度，使其能够正确地认识自己，将自身放在正确的位置上，从而有针对性地进行心理调节。

4. 想赢怕输的不良心理状态

这种"怕"的情绪，可归因于球员自信心不足，害怕因自己发挥不好而影响比赛的胜负，害怕出现失误，其得失心较重，却很少考虑克服困难的对策。出现这种心理状态的球员在比赛过程中表现为反应迟钝、决策不够果断等。

（二）赛中心理控制

在比赛的相持和决战阶段，球员处于比赛的关键时期，他们常常面临着巨大的心理压力，思想上的包袱过于沉重，导致思路狭窄，在比赛中可能会出现意想不到的失误或错误。另外，赛场上竞争空前激烈，球员的情绪也高度紧张，很多球员会出现逃避心理和怕负责任的行为，导致不能勇敢站出来进攻而使比赛陷入被动局面。比赛中，球员可通过呼吸调整、自我暗示、集中注意力或转移注意力、思维阻断、自我宣泄等方法使自己的心理状态及时得到调整。

（三）赛后心理恢复

球员赛后的心理恢复是多方面的，其方法仍然是心理训练的基本方法。在此过程中，要充分结合身体、技战术等方面的恢复措施，进行有针对性的恢复，既要全面，又要突出重点。

1. 赛后消极情绪的解除

比赛中产生的各种运动情绪往往会随着比赛的结束而逐渐消失，但是，也有一些的比赛情绪在比赛结束之后还会继续保持，如在比赛失败之后，球员相互推卸责任并迁怒于他人；又如因比赛的胜利而沾沾自喜、得意忘形等。这些消极情绪对球员的能力发展和水平提高都会产生不利的影响。因此，在比赛结束之后，球员可采用转移注意力、放松心情和改变认知等方法，积极调整消极的心态和情绪。

2. 赛后自我形象的重塑

在比赛过程中，球员的形象会随赛场形势的变化而发生相应的变化：在获得胜利时，球员容易产生自负情绪，从而过分自信、夸大自己；当比赛失利时，球员往往缺乏客观、真实的自我评价；在比赛的关键时刻赢得制胜得分时，球员则往往能产生充分的自信心和积极的心态，从而在后续比赛中会表现得更积极，实现自我形象的完美提升。

赛后形象重塑的目的在于恢复和提升自己，消除不真实的成分，清楚地认识自身的优点和缺点，并相应地进行积极发扬和抑制。球员的自身形象是处于不断发展和完善中的，应形成积极、向上的良好心态。对此，可通过想象训练法修复球员心理影响，恢复最佳状态。

总而言之，网球球员不仅仅是体力、技战术方面的较量，更是心理方面的较量，球员应该充分重视心理训练，在赛前、赛中、赛后形成自我心理调节和控制，这是网球球员必须具备的心理素质，以避免在比赛中陷入被动的困境。

六、其他训练方法

（一）系统脱敏训练

学者约瑟夫·沃尔普（Joseph Wolpe）提出了系统脱敏训练（systematic desensitization）。该训练又称"交互抑制法"，是一种用渐进方式克服焦虑性神经症的心理技能训练。沃尔普认为，肌肉放松与不良情绪是相互对抗、相互抑制的。结合这一原理，系统脱敏训练首先触发低程度的恐惧或者是焦虑情绪，然后逐渐提高刺激，当球员的反应不再强烈则升级刺激。如球员面对反复刺激均可以忍受，则球员将不会对此种类刺激产生不良情绪。

系统脱敏训练的依据和方向，应由指导者结合球员的具体情况和球员一起制定。球员的全身肌肉能迅速进入松弛状态即可，每次30分钟，每天1～2次，共进行6～10次。球员在放松的情况下，对焦虑等不良情绪的刺激进行脱敏训练：首先，球员应彻底放松；接着，球员在指导者的语言指导下想象情景，当球员实在无法忍耐而出现严重恐惧时，可采用放松训练对抗，使球员可以继续忍耐直至完全适应。恐惧或焦虑等级的适应训练都要反复进行，直至球员心理完全适应，每次训练30分钟，每周1～2次。

（二）暗示训练

暗示训练也称作"自我暗示训练"，是利用语言等信息对球员施加心理刺激，从而达到控制刺激的过程。通过自我暗示，能够对其认知、情感和意志过程进行相应的调节。

研究表明，人的语言和所想象的形象结合在一起，能够使语言暗示更鲜明，使人体相应的器官产生一定的变化。因此，可借助有代表性的案例，通过相应的想象和语言刺激，使球员达到模拟场景的效果。

采用暗示训练法时，应使球员对这一方法进行深刻的理解和认知，在此基础上找出一些经常出现的消极想法和话语，并在球员充分认识这些消极的想法和话语的基础上，找出一些积极的词语代替。例如，"我可以打得更好，对方比我紧张"，"观众在为我加油，我可以有更好的表现"，把"别紧张，别着急"替换为"放松，稳住"，等等。

(三) 目标设置法

对活动的目标和结果进行合理规划便是目标设置法。设置正确有效的目标，能够深刻地影响球员动机的方向和强度，刺激其行为和活动向着目标前进。目标设置训练就是设置有效合理的行为目标的训练过程。

目标可分为长远目标和短期目标、任务定向目标和自我定向目标、具体目标和迷糊目标等多种形式。应根据实际情况制定符合球员实际状况的心理训练目标。

在制定合理的目标之后，球员要进行及时反馈，积极对目标进行适当的调整，使目标计划按照预期的时间和形式实现。

(四) 放松训练法

放松训练是通过一定的方法调节呼吸和肌肉的紧张程度从而调节中枢神经系统的兴奋性。研究表明，大脑与骨骼肌具有双向的联系，通过放松肌肉、减少肌肉向大脑传递的冲动，可降低大脑兴奋度、减少心理紧张感。因此，在放松训练期间适度休息、加速机体疲劳的恢复，是采用放松训练法的前提，如主动做身体的放松，包括按摩放松、筋膜枪放松、游泳放松、慢跑放松等。

第七章 科技助力下的现代网球运动发展展望

第一节 科技赋能网球运动的发展趋势

一、现代网球运动的国际化发展趋势

(一) 网球赛事的国际化

现代网球运动发展迅速,表现出鲜明的国际化趋势。国际赛事是代表各类体育项目最高水平的赛事,举办次数有限。例如,很多体育项目的世界锦标赛是四年一届,有的体育项目世界杯是两年一届。比如足球,世界杯是四年一次,洲际赛事每年有一次,在各个国家还有俱乐部联赛。

网球国际比赛的频繁程度与其他体育项目完全不同,其每年有顶尖的四大网球公开赛和年终总决赛:ATP 有包括大师系列赛在内的 70 个左右的国际赛事,WTA 有包括皇冠系列在内的 60 个左右的国际赛事。ITF 已有超过两百个会员,共负责一百多个国际赛事,包括四大网球公开赛、戴维斯杯、联合会杯,还包括希望赛、挑战赛、卫星赛等。每年由三大国际网球组织设立的世界范围网球赛事数百个,还有世界少年杯赛、元老杯赛等。平均下来,每天在五大洲的各个地区几乎都有网球大赛举办,可以毫不夸张地说"日日有赛事、周周有大赛",全球全年的网球赛事日程表十分密集。作为一项全球化的比赛项目,网球运动赛事举办的频繁程度和安排的紧凑程度是其他体育项目所不及的。

另外,国际网球组织也特别重视网球运动在亚洲特别是在经济发展

较快的中国的发展前景。在我国政府与相关组织的不懈努力下，我国在近几年举办了大量的国际顶级网球赛事，产生了广泛的影响。通过举办这些顶级赛事，网球运动在我国的发展空间将更加宽广，前途也将更加辉煌。

（二）网球人口的国际化

当前，网球运动不仅在经济发达国家较为普及，而且在不发达国家和地区的普及性也很强，这就促使世界各地参与网球运动的人数不断增加。国际网球联合会已有超过200个会员。各国在普及与推广网球运动的基础上，对优秀网球运动员进行了积极的培养。美国、英国、澳大利亚、法国等网球强国独霸世界网坛的局面被打破，群雄争霸的多极化局势逐渐形成。

广大的网球爱好者被网球运动中的文化元素和愉悦大众的精神吸引，积极参与其中。网球现已成为世界第二大体育项目。

接纳网球运动的国家与地区越来越多，参与网球运动的人口也越来越多。可见，网球运动已趋于全球化，在未来的发展道路上，网球人口还会继续增加。

（三）网球观众的国际化

电视机诞生之前，观看一场网球比赛的观众只有两三万人。电视机诞生之后，无论是哪种体育项目，观众人数的增长速度都十分迅速。1936年，英国广播公司播出歌舞节目，电视转播的历史由此开始，人们的生活与认知行为及习惯因为电视机的出现而发生了翻天覆地的变化。

1968年，ITF与温布尔登网球锦标赛组委会经过协商后达成协议，允许职业网球选手参加温网，温布尔登网球锦标赛正式成为"公开赛"。英国广播公司抓住机会对赛事进行了电视转播。从那时起，无法到比赛现场观看网球大赛的网球爱好者也可以通过电视屏幕感受赛事现场的激烈对抗气氛。对于观众而言，通过电视屏幕观看激烈的网球比赛是一种美好的享受。观众收看赛事能够提高收视率，这为英国广播公司带来了巨大的收益。赛事组织者也能够从中获取英国广播公司给付的转播费用，这对其而言也是一个全新的商业机会。

科技助力下的现代网球运动发展展望

1973年9月在休斯敦,在当时世界女子头号选手比利·简·金(Billie Jean King)与R. L. 里格斯(R. L. Riggs)的比赛现场,只有3万多观众,但有5000万左右的观众通过电视观看了比赛直播,这次赛事被称为"世界网球大赛",这也预示了网球观众正向着全球化的方向发展。1978年,法国电视台第一次对法网赛事进行不间断的直播。20世纪80年代后期广播卫星发射,使全球直播得以实现,自此,网球比赛进入全球转播的全新时代。

以四大网球公开赛为例,每次澳网、温网比赛都会有50万左右的现场观众,法网比赛有40万左右的现场观众,美网有70万左右。一年的四大网球公开赛现场观众加起来超过了200万。然而,通过电视观看比赛的观众远远超过现场观众人数。据2005年美国网球协会统计,仅美国通过电视观看美网的观众就达到了8700万人,收看美网之前的系列赛的电视观众也达到了4100万人。2011年,中国球员李娜对阵上届冠军意大利的弗朗西斯卡·斯齐亚沃尼(Francesca Schiavone)的法网决赛,吸引了约1.16亿名中国观众在电视机前收看,这不仅成为当年中国收视率最高的体育比赛转播之一,还是中国历史上单场网球比赛电视直播观众数最多的一场比赛。纵观全年的网球比赛收视率,包括四大网球公开赛在内的国际顶级赛事全球观众可达十几亿人次。较高的收视率不但能够促进网球影响力的不断扩大和网球运动的普及,而且能够为各大转播商带来高额的收益。

国际网球赛事的影响力不断攀升且向全世界范围扩大,这对全球的文化交融和世界各国的交流互鉴具有积极的影响。

二、现代网球运动的市场化发展趋势

(一)网球产品消费市场

网球服装和球鞋、网球器材等网球产品的消费是网球产业中重要的部分。根据网球产业协会统计,每年网球拍、球、辅件等的批发额为3亿美元左右,并有20亿美元左右的网球专用服装销售额。据美国网球协会统计,每年全美大约销售300万支成人网球拍、100多万支儿童网球拍、1亿多个网球,仅球拍就有约9000万美元的销售额。

近些年来,网球产品的营销者聘请一些球星来为网球产品做广告代言。经营者耗用了大量的资金，希望利用"名人效应"来对企业的产品扩大宣传，促进企业知名度的不断提升和产品销售总额的大幅增加。这种高额的投资基本上可以得到相应的回报。在运动服装、运动鞋、运动器材的市场中，网球的产品向来都是出类拔萃的。以这个发展的趋势，网球产品的消费会持续增加，其销售量和销售额也会大幅提高。

（二）网球比赛的场馆和赛事赞助市场

美国有很多体育职业俱乐部，而且大多经营得比较好，每年都会有丰厚的收入。调查显示，美国职业篮球联盟（NBA）的纽约尼克斯队在纽约麦迪逊广场花园的主场有89个包厢，每个包厢的出售额都在30万美元左右，仅出售包厢，每个赛季就有1000多万美元的收入，在其总收入中几乎占到一半。与美国的篮球职业俱乐部一样，主办温布尔登网球公开赛的全英草地网球俱乐部也是一个成功经营的典型范例。这个网球俱乐部有几百名会员，入会者需缴纳会费，每隔几年都会发行债券，网球债券的销售是该网球俱乐部的主要收入来源。他们将这些收入主要用于维护、保养场地和设备。

我国网球运动产业仍处于起步阶段，但在建设与经营场馆方面的成效很大。如北京新建了很多网球馆，大部分采用会员制的俱乐部和酒店经营模式。场地以节假日和平日傍晚五点后划分为黄金时段和非黄金时段两种。一般来说，黄金时段的场地租金明显高于非黄金时段的，但场地仍是供不应求的。

举办高级别赛事是网球产业经营的重头戏。ATP大师系列赛中每个赛事的经营额均有4000万美元左右，年终总决赛的经营额则超过1500万美元。而且这些赛事都处于盈利状态，并且持续稳定发展。世界顶级网球赛事的商业活动如果运作合理，不仅能够取得良好的经济收益，还可以创造出大量的职位，供更多人就业，也会吸引大量的观众，而观众的增加又必然带来可观的收入。

此外，世界高水平的网球赛事的冠名赞助商也会因此获得高额的经济收益。顶级网球赛事是全世界都关注的重要赛事，赞助商都会积极争取冠名权，四大网球公开赛都有自己的赞助商，这些都会随着网球运动的普及与发展而愈加竞争激烈。

科技助力下的现代网球运动发展展望

（三）网球经纪业务市场

从产值上看，虽然体育经纪业在体育产业中没有占据很大的比重，然而，其在一个国家的体育产业中发挥着至关重要的作用，是体育产业不可或缺的一部分。职业体育产业的发展与壮大直接受体育经纪业务的影响。现在，体育经纪公司和体育经纪人的业务非常专业。其中，体育经纪公司有着极强的拓展业务能力，他们生产和经营体育消费商品；而体育经纪人则作为代理人提供专业服务。体育产业的发展离不开体育经纪公司和体育经纪人发挥的积极作用。

体育产业最发达的国家是美国，历史上第一个体育经纪人是戏剧推销商 C.C. 帕莱。美国体育经纪业真正快速发展是在 20 世纪 70 年代，在这之前，很少有职业运动员拥有经纪人，而现在，每 3～4 名职业运动员就有 1 名有自己的体育经纪人。网球运动史上，第一个经纪人是查尔斯·C. 派尔，他是一名美国商人，也是网球推广者，其最初是法国女子网球运动员苏珊·朗格伦的经纪人。随着职业网球的快速发展，现代网球经纪业务也逐渐走向成熟，获得经纪公司或经纪人的赞助合同的网球选手日渐增多。我国近些年也有很多体育经纪人和体育经纪公司的成功案例。

三、现代网球运动的科技化发展趋势

影视业从 20 世纪 60 年代以飞快的速度发展，电视转播网球比赛逐渐多了起来，这也促进了网球运动的快速发展。之后，为了与电视转播的需求相适应，有关人员对网球的颜色做了改版，并对网球规则进行不断的完善，引起了电视观众的热烈追捧。由此可见，网球运动能够成为大众热衷的体育项目，也得益于科技的发展。

随着球拍制造材料和工艺的日益发展，网球运动员的击球速度明显提高，以致裁判员已经很难通过肉眼来对球的落点进行准确的捕捉与判断了。自电视转播网球比赛后，球员与裁判员都感觉到了巨大的压力，球员对裁判员的任何误判都是难以接受的，这时相关组织与人员就开始研究鹰眼技术在网球赛事中的运用了。

"鹰眼"即"即时回放系统"。这种高速计算机成像系统，将十几台高速摄影机安装在赛场各个角落，与计算机成像软件相结合之后，网球飞行路线和落点图像就能够快速呈现。通过大屏幕回放图像，裁判员就可以对击球落点进行准确判断，提高了比赛的公平性与观赏性。

21世纪初，鹰眼技术在体育赛事上的第一次应用并非网球赛事，而是英国板球联赛。后来，这项技术逐渐出现在美国的职业赛事，如NBA等体育项目。随着这项技术的不断完善，其影响力也不断加大，国际网联积极尝试将此项技术运用在网球比赛中，并通过小型赛事对其进行不断地试验与检测。2003年，澳网开始采用这项技术，将鹰眼技术运用在网球运动中的第一个大满贯赛事，后来该技术在四大满贯的赛事转播上都有运用。然而，这只是将鹰眼技术广泛运用在电视媒体转播的过程中，在网球比赛现场一直未能对该技术进行使用。真正意义上促使ITF下定决心在大满贯网球比赛现场引入鹰眼技术的契机是2004年的美网女单1/4决赛。当时，小威廉姆斯打出了一记反手斜线球压线，但被判罚这一球出界，这一分是明显的错判，但始终没有被纠正和改判。人们因为这一分产生了广泛的争论，希望在裁判判罚中运用慢镜头重放。类似这样的争议在大满贯比赛中频繁出现，是ITF最终决定使用鹰眼系统的主要原因。

2005年，美国网球协会提议将鹰眼技术运用在美网公开赛中，但因为诸多因素的影响最终未能成功实行。随着网球赛中质疑的声音越来越多，人们更加坚信要采用鹰眼技术来辅助判罚，因为这是最具说服力的证据。第一个真正在现场裁判中采用这一技术的网球赛事是2005年美国迈阿密大师赛。随后，在2006年美网系列赛、美网以及2007年澳网中鹰眼技术得到了全面的运用。温网组委会向来比较保守，直到2007年才决定在温网中对鹰眼技术裁判加以采用。在鹰眼开始普遍应用后的很长一段时间，关于是否需要在网球赛事中运用鹰眼技术，一直存在支持与反对两种不同的声音。支持这一技术在赛场上运用的人认为，当球员正对或背对来球而移动时，其视线存在一定的盲区。司线裁判员头部微弱的转动都会影响其观察球员击球的落地瞬间的落点。这样，在网球比赛中，就会有越来越多的有关球的落点的争议，所以一定要使用鹰眼技术。在网球赛事中运用鹰眼技术，是为了确保网球比赛的客观性与公正性。21世纪之后，电子鹰眼系统成为网球比赛中运用的最先进的科学技术之一，其主要用来对网球落点进行准确判断。然而，

第七章 科技助力下的现代网球运动发展展望

一名优秀的球员不仅要有卓越的专业技能，还要善于与裁判沟通，学会快速消除不良情绪。当遇到裁判员的误判，球员需要积极地应对，这也是网球比赛的重要组成部分。

鹰眼系统的可靠性通过多年的实践得到了证明，很多赛事组织与运动员都已经接受了鹰眼技术。仅需 10 秒就可以使争论停止的鹰眼技术是网球运动中的科技革命，极大地增加了网球赛事的魅力。随着科技的不断进步，网球比赛将广泛运用更多更先进的技术，在提高比赛客观性与公正性的同时，也不失其趣味性。

四、现代网球运动的其他发展趋向

（一）市场化趋势

1. 网球组织日益完善

1913 年，国际网联成立，这是国际网坛的全球性组织，总部设在巴黎。国际网联成立之初只有 12 个国家的网球协会代表参加，到现在已有 210 个协会会员，其中正式会员 145 个，无表决权的联系会员 65 个。

1972 年，国际男子职业网球协会成立。该组织对职业网球运动员的利益进行了维护，将比赛机会与高额奖金提供给球员，并发行了《国际网球周刊》。1973 年，国际女子职业网球协会成立。

国际网联、男子职业网协和女子职业网协是网球运动的三大国际组织，它们有各自明确的职责与任务，共同确保世界网球竞赛的有序开展。

戴维斯杯赛（男子团体赛）和联合会杯赛（女子团体赛）是国际上最高级别的国家队团体赛事，均由国际网联负责组织，这两项赛事的顺利举办与收获的成功都离不开国际网联的有序组织与管理。国际网联每周都会发行《世界网球排名表》，每年共 52 期，这对世界优秀网球运动员参加各种级别的网球比赛具有重要的推动与促进作用，而且使国际比赛保持高水平以吸引观众的注意力。男子名次每周公布一次，女子名次则是每两周公布一次，世界网球运动员的排名浮动情况在排名表中一览无余。这个排名对运动员来说具有重要的意义，榜上排名顺序的变化对运动员是否有资格参加某一项重要赛事具有直接的决定作用，网球运动员在体育用品行业中的广告价值也会受其世界排名的影响。

当今世界网坛中，活跃与频繁的网球赛事、惊人的高额奖金，与国际网球组织的发展是分不开的。

2. 网球赛事奖金数额惊人

网球运动的独特魅力、网球比赛的奖金丰厚，都是吸引人们关注的重要原因。现阶段，每年世界上都在举行不同级别的网球赛事，而且大都设立了高额的奖金，尤其是职业网球运动员被允许参加各种网球比赛后，每年的赛事奖金都在增加。以美网为例，2015 年，美网总奖金达到 4300 万美元，在历史上首次突破 4000 万美元大关；男女单打冠军的奖金也达到 330 万美元，较 2014 年增加了 30 万美元。2022 年，美网总奖金超过 6000 万美元，达到 6010 万美元，而其中大部分奖金将分配给前几轮比赛。参加首轮的选手将获得 8 万美元，晋级第二轮就将获得 12.1 万美元。[①] 一直以来，顶级网球赛事的参赛资格是根据世界排名来确定的，排名前五十的选手有资格参加高级别赛事的正选。所以，网球运动员每年都需要不断参赛，以获得更多的积分来提高自己的国际排名，排名提升可参加高级别比赛，对应的比赛奖金也会更高，其广告签约费的金额也会更多。

（二）球员综合素质

1. 心理素质是决定比赛胜负的关键因素

在竞争激烈的网球比赛中，特别是在处理关键球的时刻，球员的心理素质直接决定了其在比赛中的发挥，大多数的教练员与球员都已经充分认识到了心理素质的重要性，并且加强在这方面的训练。在比赛的关键时刻，如果球员的心理素质良好，那么就能够将自身的技术水平充分或超常发挥出来，给对手造成强大的压力。相反，如果球员心理素质较差，那么就难以稳定地发挥出应有的技术水平，甚至可能会导致不断失误，输掉比赛。现阶段，在国际网坛上，顶尖的优秀网球选手往往是那些技战术技能高超、体能良好和心理素质过硬的运动员。所以，在培养

---

① 参见《2022 美网总奖金再创纪录 6010 万美元成史上最"壕"》，见《体坛周报》（https：//www.360kuai.com/pc/9a7e17096e0d146e6？cota＝3&kuai_so＝1&sign＝360_57c3bbd1&refer_scene＝so_1）。

科技助力下的现代网球运动发展展望

网球运动员的过程中，除了要加强体能及技战术的训练，心理素质的训练与培养也是不可忽视的，对球员的心理素质采取科学手段培养具有非常重要的意义。要想在比赛中取得成功，球员就要将技战术、体力和心理协调配合好，而要协调配合好这几方面的能力需要经过长期的训练来实现。在这几方面素质的培养中，心理素质的培养比较复杂，其与训练网球技战术动作不同，属于意识范畴。技战术和体能在经过科学与具体的训练之后能够得到提高，心理素质同样需在长期的专门训练中养成习惯才能慢慢地对其进行合理掌握和控制。

2. 稳定性是网球比赛制胜的重要因素

在受到对方球员击球压迫的情况下，优秀的球员仍能够保持准确的技术动作，正常发挥战术意图。球员在比赛中的体能、技战术、心理及意志品质等各方面都综合体现在稳定性上。球员能否保持竞技状态，也是衡量其稳定性的重要指标。事实上，在网球运动中，球员的稳定性是指在整个参赛过程和运动生涯中，球员持续保持较好技战术、心理及意志等竞技状态的能力。

研究表明，比赛胜负的主要决定因素之一就是球员的稳定性。从技战术上判断球员稳定性如何的指标就是非受迫性失误的多少。球员在比赛过程中的相持能力的稳定性集中体现在非受迫性失误上。调查发现，在四大满贯决赛和年终总决赛的决赛中获得胜利的球员普遍相持能力较强、非受迫性失误很少、主动得分率较高，能够在赛场正常发挥技战术水平。

现代网球运动的对抗性很强、攻防转换的速度也很快，得分机会转瞬即逝，因此，要注重球员的稳定性并不是意味着被动防守，而是更多地从球员主动进攻和防守反击的能力中体现。因此，在网球运动的数据统计中，应重点关注非受迫性失误和主动得分两项技战术稳定性分析的重要指标。

3. 全能型打法逐步取代单一型打法

调查发现，现在的网球运动员对积极主动的全能型打法运用得特别多。运用这一打法使他们拥有超过70%的一发成功率和超过60%的发球得分率。发球是职业选手重要的得分手段，如果发球方发出200公里以上时速的球，则往往比较容易发出 ACE 球①而直接得分。研究表明，现在的职业网球运动员具有丰富多样的得分手段，能够在进攻和防守中有均衡的表现。

在网球比赛中，球员的正手击球是发挥主导作用的，正手发球、接发球往往能给对方造成强大的压力。在运用正手击球的基础上，他们还常常配合使用整套技战术系统，如富于变化的反手击球、快速的步法、巧妙的网前截击等。在网球比赛中，正手击球的表现往往都能取得良好的效果，通过这一击球方法所获得的分数几乎占到总得分的一半。可以说，强大的正手击球能使球员将底线的优势扩大、控制比赛节奏。正手击球稳定且具有攻击性，对取得比赛主动、最终获得胜利有着重要的意义。当然，全面的网球技术，绝不局限于正手击球，其他各种击球方式同样能取得良好的效果。例如，灵活多变的反拍击球，上旋球加下旋球可以破坏对手的击球节奏，创造得分机会。在比赛中，打法全面的球员可以通过击球节奏的变化、击球落点的变化来充分调动对手，并给对手造成巨大的心理压力。有些球员还会通过放小球、上网截击等技战术的运用，频繁调动对手等技战术来消耗对方的体能。以上例子都表明，球员技战术越全面，在比赛中就越能够占据优势地位，从而提高自身获胜的概率。在现代职业网球运动中，几乎所有球员都趋向于全面型打法。

4. 女子动作男性化

随着网球运动对球员身体素质要求越来越高，球员的力量、速度在网球运动中起着至关重要的作用。女子网坛中的力量派选手有很多，而且占主导地位的也多为力量型选手，女子动作男性化的发展趋势日益凸显。WTA 排名靠前的网球运动员大都力量强大，如美国网球选手大威廉姆斯的发球时速可超过 200 公里/小时，这是有些男子球员都无法轻易达到的。尽管女子网坛中占主导的是力量派球员，但也不能忽视技术的重要性，如比利时的网球女子选手海宁不仅拥有强大的力量优势，而且拥有全面的技术，再加上其步法灵活、体能充沛，所以长期位于世界排名前列。

---

① 指落入有效区域，且对方没有触及球而直接得分的发球。

科技助力下的现代网球运动发展展望

第二节 大数据助力解读网球运动

大数据的应用使得网球运动越来越有意思,其不仅使网球运动的技术层面持续革新,也为人们了解网球运动提供了新的体验。我们可以通过数字来解读网球的比赛信息。

一、数字大满贯[①]

(一) 数字澳网

(1)"4":2014年澳网的职业选手们连续4天在气温超过40摄氏度的热浪中坚持比赛。这是墨尔本进入21世纪以来持续时间最长的高温。

(2)"40":在飞机发明之前,欧洲球员坐船到位于大洋洲的澳大利亚参加澳网所需要的天数。

(3)"7":举办过澳网的城市数量。其中,5个在澳大利亚,分别是墨尔本、悉尼、阿德莱德、帕斯和布里斯班,另外2个城市分别是新西兰的克赖斯特彻奇(1906年)和黑斯廷斯(1912年)。

(4)"796435":澳网的现场观众人数纪录。从2015年起,澳网便超越美网,荣升四大满贯现场观赛人数之首。2019年,澳网以796435的现场观众人数,刷新四大满贯纪录。[②]

(5)"212":1976年,马克·埃德蒙森以当时212的世界排名赢得了澳网的男子单打冠军,这是赢得大满贯冠军者最低的世界排名。

(6)"1905、1986、2008":1905年澳网创办,被称为"最年轻的大满贯赛事";1986年没有举行澳网比赛,因为比赛日程由原来的当年

---

① [英] 马克·霍奇金森:《好好玩网球:网球小百科》,陈晓阳、赵化纯译,重庆大学出版社2021年版,第174页。

② 参见《澳网2022》,见网页(http://www.tpaby.cn/tiyu/623.html),刊载日期:2022年9月22日。

· 183 ·

12月改为次年的1月；2008年的澳网比赛将此前使用了20年的高弹性硬地场地改为丙烯酸合成地面，而在1988年之前澳网的场地一直是草地。

（二）数字法网

（1）"一亿一千六百万"：2011年，中国选手李娜在法网夺冠时的现场和电视观众人数。法网是四大网球公开赛中夺冠过程最艰苦、最困难的赛事。李娜是第一位夺得法网冠军的亚洲女球员。

（2）"17"：张德培在1989年的法网决赛问鼎冠军，是法网历史上最年轻的单打冠军之一，他夺冠时的年龄是17岁。

（3）"1.1"：法网的比赛场地需要的黏土量是1.1吨。

（4）"25"：工作人员每天对每片球场的维护时间为25分钟。红土场地每天需要进行维护，包括洒水、刷线、拖场地。

（5）"2"：法网场地的红土层面的厚度为2毫米。

（6）"0"：法网的比赛场馆是四大网球公开赛中唯一没有可封闭屋顶的场馆。

（三）数字温网

（1）"8"：温网工作人员每天早上都要按时修剪草皮，比赛场地草的长度规定在8毫米。

（2）"10"：温网对选手参赛服装的规定是，带有颜色的装饰最宽为10毫米，此外则须为白色。温网是四大网球公开赛中历史最悠久的赛事，球员必须穿白色带领服装，观众可享受每天凌晨4点采摘的新鲜草莓。

（3）"170000"：温网两周的比赛中喝掉的皮姆酒（Pimm's）酒瓶数。

（4）"28"：温网比赛期间观众吃掉的草莓重量达28吨。

（5）"2700"：两周的赛事参赛选手要吃掉2700千克香蕉。

（6）"83000"：2013年男子单打决赛（德约科维奇对穆雷），两张网站上出售的决赛门票票价被炒到了83000英镑。

（四）数字美网

（1）"1亿"：每年美网的票房收入约1亿美元。

（2）"225000"：每年美网期间卖出的汉堡和热狗的数量。美网是

第七章　科技助力下的现代网球运动发展展望

唯一一项允许观众看球时吃汉堡和热狗的大满贯赛事。

（3）"5000"：2017 年的美网是总奖金首先达到 5000 万美元的大满贯比赛。

（4）"3"：美网是唯一使用过草地、绿土地和硬地球场的赛事。其在 1881—1974 年间使用草地球场，1974—1978 年间使用绿土球场，1978 年之后使用硬地球场。

二、职业球员的击球速度

底线正手击球是网球比赛中运用最频繁的技术，也是体现进攻性的重要手段。澳大利亚网球协会统计的数据可以让我们直观地感受到顶尖职业球员正手击球的速度，男子职业球员的正手击球速度见表 7-1，女子职业球员的正手击球速度见表 7-2。

表 7-1　男子职业球员的正手击球速度

单位：公里/小时

姓名	平均时速
罗杰·费德勒（Roger Federer）	122
斯坦·瓦林卡（Stein Valinka）	130
诺瓦克·德约科维奇（Novák Djokovic）	127
杰克·索克（Jack Sock）	138
卢卡斯·拉索尔（Lukas Rosol）	133
尼克·克耶高斯（Nick Keyegos）	119
拉斐尔·纳达尔（Rafael Nadal）	127
多米尼克·蒂姆（Dominic Thiem）	131
胡安·马丁·德尔波特罗（Juan Martín del Potro）	131
托马斯·伯蒂奇（Tomas Berdych）	128
锦织圭（Kei Nishikori）	125
安迪·穆雷（Andy Murray）	120
米洛斯·拉奥尼奇（Milos Raonic）	128

资料来源：[英] 马克·霍奇金森《好好玩网球：网球小百科》，陈晓阳、赵化纯译，重庆大学出版社 2021 年版。

表7-2 女子职业球员的正手击球速度

单位：公里/小时

姓名	平均时速
塞雷娜·威廉姆斯（Serena Williams）	117
安赫利奎·科贝尔（Angelique Kobell）	111
萨曼沙·斯托瑟（Samantha Stosur）	125
阿格涅兹卡·拉德万斯卡（Agnieszka Radwanska）	101
麦迪逊·凯斯（Madison Keys）	130
路西·哈瑞德卡（Lucy Haridka）	127
卡美娜·格奥尔基（Camila Giorgi）	127
克里斯汀娜·梅拉德诺维奇（Cristina Meradnovich）	125
玛丽亚·莎拉波娃（Maria Sharapova）	120
佩特拉·克维托娃（Petra Kvitova）	120
加尔比妮·穆古鲁扎（Garbine Muguruza）	120

资料来源：[英]马克·霍奇金森《好好玩网球：网球小百科》，陈晓阳、赵化纯译，重庆大学出版社2021年版。

顶尖职业球员正手击球速度的数据统计，是 ATP 和 ITF 通过选手们参加的各项赛事中利用测速雷达和视频分析系统采集球员参加各项赛事的数据进行综合统计分析而得到的。大数据的支撑使更多球员能够找到自身与顶尖球员的差距，从而进行有针对性的训练。

三、击球旋转最强烈的顶尖职业球员

网球专业网站 www.tennisplayer.net 的创始人、资深教练员兼录像技术先驱约翰·延德尔（John Yandell）统计出了最具代表性的球员正反手击球的旋转参数（表7-3）。通过这些数字，可以直观地感受顶尖职业球员击球的每分钟自转数到底有多惊人。

第七章 科技助力下的现代网球运动发展展望

表7-3 顶尖职业球员的正反手击球的每分钟自转数

单位：转/分钟

姓名	击球的每分钟自转数	
	正手击球	反手击球
拉斐尔·纳达尔（Rafael Nadal）	4900	5300
罗杰·费德勒（Roger Federer）	4600	4300
诺瓦克·德约科维奇（Novák Djokovic）	2700	2800
安迪·穆雷（Andy Murray）	2400	2500

资料来源：www.tennisplayer.net。

四、ACE球和发球双误

（一）ACE球

（1）男子比赛的单场ACE球纪录是在2010年的温网第一轮的比赛中创造的。约翰·伊斯内尔（John Isner）在这场比赛中共发出了113记ACE球而赢得这场比赛的胜利。而他本场比赛的对手尼古拉斯·马胡（Nicolas Mahut）在这场比赛中共发出了103记ACE球。

（2）女子比赛的单场ACE球纪录是由克里斯蒂娜·普利斯科娃（Kristyna Pliskova）在2016年澳网第二轮中创造的。她单场比赛发出了31记ACE球，但可惜的是她最终没能赢得比赛。

（3）2001年，戈兰·伊万尼塞维奇（Goran Ivanisevic）在夺得温网冠军的那一届比赛中，共发出213记ACE球，创造了大满贯比赛中男子球员夺冠道路的ACE球纪录。

（4）塞雷娜·威廉姆斯（Serena Williams）在2012年温网的夺冠道路上发出102记ACE球，创造了女子球员的纪录。

（5）2009年温网决赛中，费德勒击败了安迪·罗迪克（Andy Roddick）。在这场比赛中，费德勒共发出50记ACE球。

（6）伊沃·卡洛维奇（Ivo Karlović）是职业球员中发出ACE球最多的。卡洛维奇以12302记ACE球创造了男子职业球员纪录。① 此外，

---

① 参见《网坛巨人创ACE球纪录 他曾让费德勒无力招架》，见腾讯体育（https://sports.qq.com/a/20151008/057638.htm），刊载日期：2015年10月8日。

他在 2017 年澳网中创造了单场 75 记 ACE 球的纪录；在 2016 年美网中，他创造了单场发出 61 记 ACE 球的纪录。

（二）发球双误

（1）女子单场比赛的双发失误纪录是在 1999 年的澳网中出现的。库尔尼科娃在第二轮比赛中发出了 31 记双误，但她最终还是赢得了那场比赛。

（2）男子单场比赛的双发失误纪录是马克·罗塞特（Marc Rosset）在 2001 年的戴维斯比赛中创造的，他单场发出了 30 记双误。①

五、科技改变网球未来

随着社会的发展、科技的进步，网球器材不断创新，网球场地材料日新月异，规则不断完善，新的技战术层出不穷，网球赛事的商业化程度越来越高，网球运动早已经全球化。未来的网球运动将朝着数字化、科技化的方向继续不断前行。大数据背景下的网球赛事具备更多的看点和更专业的技术统计分析手段，新材料的应用不断推动网球器材的更新，职业网坛将会有更多的纪录诞生。科技助力下的网球运动将吸引更多的人群参与其中，同时成为人们休闲生活的重要组成部分。

---

① ［英］马克·霍奇金森：《好好玩网球：网球小百科》，陈晓阳、赵化纯译，重庆大学出版社 2021 年版，第 142－143 页。

参考文献

[1] 陈艾菁，汪剑．论我国网球的发展与运动科技资源的开发[J]．科技广场，2005（7）．

[2] 陈德志，陈棋．网球运动教程［M］．广州：中山大学出版社，2017．

[3] 陈建强，魏琳．网球教学与练习［M］．上海：复旦大学出版社，2013．

[4] 董杰．网球教程［M］．北京：高等教育出版社，2005．

[5] 方兴．网球发球的三维录像分析［C］//第八届全国运动生物力学学术会议论文摘要．[出版者不详]，1996．

[6] 高宗贵．新课程背景下信息技术与体育教学的整合实践［J］．中国现代教育装备，2010（4）．

[7] 龚怡宏．人工智能是否终将超越人类智能：基于机器学习与人脑认知基本原理的探讨［J］．人民论坛学术前沿，2016（7）．

[8] 顾秀萍．现代教育技术在高校体育教学中的作用分析［J］．南京体育学院学报（自然科学版），2004（3）．

[9] 郭开强，蒲娟，张小娥．网球教学［M］．北京：科学出版社，2016．

[10] 何杰明．网球运动发展软实力及提升路径分析［J］．广州体育学院学报，2015（6）．

[11] 何路曼．以色列研发"智能球场"助网球爱好者提高技能[EB/OL]．(2015-01-13)[2022-06-30]．http://www.chinanews.com.cn/gj/2015/01-13/6964441.shtml．

[12] 霍奇金森．好好玩网球：网球小百科［M］．陈晓阳，赵化纯，译．重庆：重庆大学出版社，2021．

[13] 姜彬，张丹．现代排球运动文化解析与技能发展研究［M］．北京：中国商务出版社，2016．

［14］金春林，曲峰，柏衍．网球发球技术的生物力学分析［J］．北京体育大学学报，2008，31（2）．

［15］孔新亮．运用计算机辅助教学手段提高网球正手抽击球技术的实验研究［D］．武汉：武汉体育学院，2007．

［16］李博科．技在网球赛事中应用的聚散效应及机制研究［D］．沈阳：沈阳体育学院，2011．

［17］李广，董传升，裴艳明．科技在网球运动中的扩散效应［J］．辽宁大学学报，2012（1）．

［18］李美玉，李有国．录像－反馈控制法在竞技健美操难度技术教学中的实验研究［J］体育世界，2008（5）．

［19］李小利．现代科技对体育发展的影响［J］．运动，2013（6）．

［20］李玉磊．科技进步对网球运动发展的影响［J］．科技视界，2014（17）．

［21］刘从梅，陶运．三现代教育技术对高校体育教学的影响［J］．安徽电子信息职业技术学院学报，2003（5）．

［22］刘小沙．网球［M］．天津：天津人民美术出版社，2017．

［23］陆素文，蒋荣．论"科技奥运"对中国竞技体育发展的"张力"［J］．南京体育学院学报（自然科学版），2009（5）．

［24］罗晓洁．网球技术与教法［M］．上海：同济大学出版社，2010．

［25］裴艳明．科技应用对网球发展影响及对策研究［D］．沈阳：沈阳体育学院，2010．

［26］钱来，邹玲玉．论鹰眼对网球运动的发展［J］．广州体育学院学报，2007（3）．

［27］乔仿，李先国，黄念新．网球运动教程［M］．南京：南京师范大学出版社，2019．

［28］史芙英，张辉，梁成军．网球比赛技战术决策分析系统研制［J］．北京体育大学学报，2010（9）．

［29］孙艳．新中国网球运动发展分析［J］．体育文化导刊，2011（12）．

［30］邰峰．对网球比赛中"鹰眼"技术运用的探讨［J］．吉林体

育学院学报，2008（1）.

[31] 滕建宇. 科技在竞技体育中运用的反思 [J]. 科技管理研究，2009（8）.

[32] 田朝辉. 视频技术在网球发球技术教学中应用的初步研究 [D]. 武汉：武汉体育学院，2008.

[33] 王东亮，赵鸿博. 现代大学生体能训练理论与方法指导 [M]. 北京：中国书籍出版社，2014.

[34] 王辉浅. 谈尝试教学法在高校网球选项课教学中的运用 [J]. 文体用品与科技，2016（8）.

[35] 王璐. AMPK调节小鼠耐力变化的机制研究 [D]. 北京：北京体育大学，2016.

[36] 王瑞元，苏全生. 运动生理学 [M]. 北京：人民教育出版社，2012.

[37] 王兴通. 网球运动的发展与科学化训练研究 [M]. 北京：中国水利水电出版社，2016.

[38] 王泽刚. 网球运动实训教程 [M]. 武汉：武汉大学出版社，2016.

[39] 王忠勇，王金范，体适能与网球运动 [J]. 体育科技文献通报，2011（5）.

[40] 吴志超，刘绍曾，曲宗湖. 现代教学论与体育教学 [M]. 北京：人民体育出版社，1993.

[41] 肖祖亮. 大学体育与教育价值之研究 [D]. 广州：华南师范大学，2012.

[42] 谢利娟. 论科学技术在竞技体育发展中的利与弊 [J]. 体育世界（学术版），2012（8）.

[43] 薛阳光，黄平. 论Playsight智能球场对网球运动的影响 [J]. 体育成人教育学刊，2017（5）.

[44] 颜飞卫. 大学生体质健康评价及健康教育 [M]. 杭州：浙江大学出版社，2013.

[45] 杨程陈. 浅谈竞技体育与科技的结合 [J]. 当代体育科技，2017（32）.

[46] 尹长春. 浅谈网球运动的发展、特点及身体训练 [J]. 当代

体育科技,2012(6).

[47]宇文.网球:传承文明的优雅运动[J].文体用品与科技,2011(1).

[48]袁运平,王卫.运动员体能结构与分类体系的研究[J].首都体育学院学报,2003(2).

[49]袁运平,甄新喜.现代网球运动体能训练[M].上海:上海交通大学出版社,2017.

[50]袁运平.体能训练学教程[M].长春:吉林大学出版社,2016.

[51]张丹.大学生网球运动开展与技能培养研究[M].北京:中国商业出版社,2017.

[52]张良力,袁运平.对体能训练的发展趋势与我国竞技体育体能训练中存在问题的探讨[J].广州体育学院学报,2009(7).

[53]张庆来,张林,李森,等.浅谈竞技体育装备的科技现代化[J].南京体育学院学报(自然科学版),2014(6).

[54]张胜影.网球发球信息技术教学设计的实验研究[D].南昌:江西师范大学,2006.

[55]张英波.现代体能训练方法[M].北京:北京体育大学出版社,2006.

[56]张枝梅,冯明新.球类运动[M].2版.北京:北京化学工业出版社,2017.

[57]周海雄,郑建岳,许强.网球运动员体能与心理训练手册[M].北京:人民体育出版社,2008.

[58]周铭共.网球世界因你而精彩[M].北京:高等教育出版社,2007.

[59]朱永和.世界体育大事典[M].北京:中国致公出版社,1993.

[60]朱宗海.从《运动训练学》视角剖析"李娜现象"[J].湖北体育科技,2015(2).